RELATOS ESPAÑOLES CONTEMPORÁNEOS

EQUIPO EDITORIAL

Directora de la colección: Carmen Aguirre
Editora: Clara de la Flor
Coordinador técnico: Fernando de Bona
Diseño: Virginia Sardón

Reseñas de los autores: Aroa Moreno
Presentaciones de los relatos: Mar Paúl
Glosario español-español: Rebeca Julio
Glosario inglés: Terry Berne
Glosario francés: María Luz Castillo
Glosario alemán: Nadia Prauhart
Actividades 1, 2 y 3: Ana Rubio, Sonia Bajo
Actividad 4: Guadalupe Tavella, Virginia Montero, Asuka Hatano
Traducción de *La lengua de las mariposas*: Dolores Vilavedra

Locuciones: Marcos Gaba, Javier Páez
Música: John Bona

No se permite la reproducción total o parcial de este libro, ni su incorporación a un sistema informático, ni su transmisión en cualquier forma o cualquier medio, sea éste electrónico, mecánico, por fotocopia, por grabación u otros métodos, sin el permiso previo y por escrito de los titulares del *copyright*.

Primera edición: octubre 2008
Segunda edición: febrero 2011
Tercera edición: septiembre 2016

ISBN: 978-84-942326-8-8
Depósito legal: M-33988-2014

© Sus autores: relatos 1, 2, 3 y 4, 2016
© Juan José Millás: fotografía relato 3, 2016
© Óscar Curros: fotografía relato 1, 2016
© Clara de la Flor: fotografía relato 4, 2016

© De esta edición: Habla con Eñe, S.L., 2016
Gardenia, 36 - 28109, Alcobendas - Madrid - España

Impreso en Omagraf
Printed in Spain – Impreso en España

RELATOS ESPAÑOLES CONTEMPORÁNEOS

Autores
Manuel Rivas
Carlos Castán
Juan José Millás
José María Merino

ÍNDICE

11 **Introducción**

15 **Relato 1**
  17 El autor. Manuel Rivas
  18 Presentación
  22 La lengua de las mariposas
  40 Glosario
  45 Actividades

49 **Relato 2**
  51 El autor. Carlos Castán
  52 Presentación
  55 Las visitas
  68 Glosario
  73 Actividades

77 Relato 3
    79 El autor. Juan José Millás
    80 Presentación
    83 Una carencia íntima
    96 Glosario
    100 Actividades

103 Relato 4
    105 El autor. José María Merino
    106 Presentación
    109 La casa feliz
    117 Glosario
    120 Actividades

125 Soluciones

INTRODUCCIÓN

Relatos españoles contemporáneos es el primer título de esta colección de libros con audio. Con este libro pretendemos acercar al aprendiz de español a los mejores escritores de cuentos de la literatura española de hoy en día. Esta colección tiene como objetivo presentar la variedad y la riqueza literaria y lingüística del español en el mundo.

Esta es una cuidada selección de cuatro relatos en sus versiones originales. Como este libro va dirigido a estudiantes de español (niveles B2-C2), facilitamos toda una serie de ayudas para que los textos sean comprendidos en su totalidad. Por eso, cada página tiene explicaciones en español de las palabras más difíciles. Además, esas palabras se presentan en un glosario traducidas al inglés, francés y alemán al final de cada relato. Para facilitar su lectura, todos los cuentos se acompañan de una presentación del autor y una presentación del relato que ayuda a contextualizarlos y a profundizar en su contenido.

Uno de los objetivos de este libro es ayudar en la preparación del DELE. Por esta razón, todos los relatos están acompañados de actividades de una modalidad y una dificultad muy similar a las que aparecen en estos exámenes.

Los relatos han sido leídos por actores nativos de España para acercar al estudiante el español peninsular, en concreto a la variedad castellana.

Ahora solo nos queda animarte a que te sumerjas en la lectura de estos magníficos relatos aptos para el más exigente de los lectores. Con ellos presentamos a cuatro de los mejores autores de cuentos de la literatura española contemporánea.

RELATO 1

La lengua de las mariposas
Manuel Rivas

EL AUTOR
MANUEL RIVAS (1957, La Coruña)

Manuel Rivas es la voz más sobresaliente de la literatura gallega actual. Nació en La Coruña en 1957. Este novelista, poeta, ensayista y periodista desde muy temprana edad, escribe sus obras originalmente en gallego y ha sido galardonado con el Premio Nacional de Narrativa y con el Premio de la Crítica por *El lápiz del carpintero*, entre otros. Actualmente colabora en varios medios de comunicación y algunos de sus cuentos, como *La lengua de las mariposas*, han sido llevados al cine.

Rivas maneja la palabra con exactitud. Sus cuentos hablan de emigrantes, de fusilados, de perseguidos, de viejos viajeros, del pueblo atlántico donde creció. Su manejo del lenguaje, la profundidad de sus personajes, la ternura con la que aborda sus historias y el eco poético de su estilo lo convierten en un escritor que ha revolucionado la literatura de su tierra. Rivas es un cronista comprometido con su tiempo y con la historia.

PRESENTACIÓN
LA LENGUA DE LAS MARIPOSAS

El cuento de Manuel Rivas está ambientado en un pueblo de Galicia en la etapa final de la Segunda República (1931-1936). La República se proclamó una vez que el Rey Alfonso XIII decidió abandonar el país tras unas elecciones municipales que dieron la victoria a los partidos de izquierda. En los cinco años del nuevo régimen no faltaron grandes tensiones y enfrentamientos entre los distintos partidos y grupos sociales en un momento en que Europa vivía el ascenso del fascismo y el influjo de la revolución soviética.

En julio de 1936, parte del ejército se rebeló contra el Gobierno para librar a España del «peligro comunista, el ateísmo y la ruptura nacional». De la noche a la mañana algunas zonas del país pasaron a ser controladas por ese ejército rebelde y por fuerzas paramilitares que lo apoyaban; otras zonas permanecieron fieles a la República y algunas, como Madrid, resistieron el aislamiento y los bombardeos durante los casi tres años de la guerra. El pueblo en el que se sitúa la acción cayó pronto en manos de los sublevados, por eso veremos como algunos de los personajes sufrirán de inmediato la represión y otros, por miedo, tratarán de escapar a ella borrando toda huella de sus ideas republicanas, aunque eso implique traicionar y traicionarse.

El cuento está narrado en primera persona por alguien que, muchos años después de aquellos acontecimientos, no ha olvidado los recuerdos fundamentales de su infancia. Su relato se mantiene fiel al punto de vista del niño asustado que no quería ir a la escuela por miedo a que el maestro le pegara. Sin embargo, el maestro que aquí se nos presenta ha sido formado en una tradición que no solo no creía en los castigos sino que concebía la educación como una preparación para la vida. De su mano y de su voz descubrirá nuestro protagonista la fascinante aventura del conocimiento. Sin duda, fue en la educación donde la República tuvo sus más grandes ambiciones: alfabetizar y hacer accesible la cultura a las masas populares fueron sus prioridades. Para ello se construyeron escuelas, se formó a un gran número de maestros y se crearon las Misiones Pedagógicas con las que cientos de universitarios recorrieron los pueblos de España.

La profunda división que hizo posible la Guerra Civil está ejemplificada en la propia familia: la madre es muy religiosa, de «misa diaria», y el padre republicano y, en cuanto tal, enemigo de la Iglesia, pero esta circunstancia muestra al mismo tiempo que la convivencia, con sus pequeñas concesiones, era posible. Los ojos de ese niño recogen con sorpresa el rápido discurrir de los hechos, pero su mirada no juzga ni valora. A través de la descripción escueta de las conductas y actitudes de sus padres, pero sobre todo a través del retrato de aquel maestro

—revivido con profundo cariño—, nos da la estampa más dura, pero también más objetiva, de una guerra en la que a veces se crearon odios antes inexistentes e, incluso, se hizo necesario, para sobrevivir, matar los sentimientos.

El tiempo transcurrido desde la Guerra Civil, esto es, los cuarenta años de dictadura del general Franco y los treinta desde que España se constituye como un país democrático y moderno, no ha conseguido sanar del todo la memoria herida de mucha gente.

AUDIO 1
LA LENGUA DE LAS MARIPOSAS

Locución: Marcos Gaba
Acento: Castellano
Duración: 24'13"

La lengua de las mariposas
Manuel Rivas

A Chabela

«¿Qué hay, Pardal? Espero que por fin este año podamos ver la lengua de las mariposas.»

El maestro aguardaba[1] desde hacía tiempo que les enviasen un microscopio a los de la Instrucción Pública. Tanto nos hablaba de cómo se agrandaban las cosas menudas[2] e invisibles por aquel aparato que los niños llegábamos a verlas de verdad, como si sus palabras entusiastas[3] tuviesen el efecto de poderosas lentes.

«La lengua de la mariposa es una trompa[4] enroscada como un muelle[5] de reloj. Si hay una flor que la atrae, la desenrolla y la mete en el cáliz[6] para chupar. Cuando lleváis el dedo humedecido a un tarro[7] de azúcar, ¿a que sentís ya el dulce en la boca como si la yema[8] fuese la punta de la lengua? Pues así es la lengua de la mariposa.»

Y entonces todos teníamos envidia de las mariposas. Qué maravilla. Ir por el mundo volando, con esos trajes de fiesta, y parar en flores como tabernas con barriles[9] llenos de almíbar[10].

Yo quería mucho a aquel maestro. Al principio, mis padres no podían creerlo. Quiero decir que no podían entender cómo yo quería a mi maestro. Cuando era un pequeñajo, la escuela

---

1 aguardar: esperar **2 menudo:** pequeño **3 entusiasta:** persona que demuestra entusiasmo (alegría) **4 trompa:** (aquí) aparato chupador de los insectos **5 muelle:** pieza elástica de metal enrollada **6 cáliz:** parte baja de la flor que sujeta los pétalos de colores **7 tarro:** recipiente de cristal con tapa **8 yema del dedo:** parte final del dedo **9 barril:** recipiente cilíndrico y grande para guardar líquidos **10 almíbar:** azúcar y agua

era una amenaza terrible. Una palabra que se blandía[11] en el aire como una vara de mimbre[12].

«¡Ya verás cuando vayas a la escuela!»

Dos de mis tíos, como muchos otros jóvenes, habían emigrado a América para no ir de quintos[13] a la guerra de Marruecos. Pues bien, yo también soñaba con ir a América para no ir a la escuela.

De hecho, había historias de niños que huían al monte para evitar aquel suplicio[14].

Aparecían a los dos o tres días, ateridos[15] y sin habla, como desertores del Barranco del Lobo.

Yo iba para seis años y todos me llamaban Pardal. Otros niños de mi edad ya trabajaban. Pero mi padre era sastre y no tenía tierras ni ganado[16]. Prefería verme lejos que no enredando[17] en el pequeño taller de costura. Así pasaba gran parte del día correteando por la Alameda, y fue Cordeiro, el recogedor de basura y hojas secas, el que me puso el apodo[18]: «Pareces un pardal[19].»

Creo que nunca he corrido tanto como aquel verano anterior a mi ingreso en la escuela. Corría como un loco y a veces sobrepasaba el límite de la Alameda y seguía lejos, con la mirada puesta en la cima del monte Sinaí, con la ilusión de que algún día me saldrían alas y podría llegar a Buenos Aires. Pero jamás sobrepasé aquella montaña mágica.

11 blandir: mover algo en el aire **12 vara de mimbre:** rama larga, fina y flexible **13 ir de quintos:** ir al servicio militar obligatorio **14 suplicio:** sufrimiento **15 aterido:** helado por el frío **16 ganado:** conjunto de animales como vacas, ovejas... **17 enredar:** (aquí) molestar **18 apodo:** nombre de alguien vinculado a una de sus características **19 pardal:** gorrión (pájaro pequeño, gris y marrón)

«¡Ya verás cuando vayas a la escuela!»

Mi padre contaba como un tormento, como si le arrancasen las amígdalas[20] con la mano, la forma en que el maestro les arrancaba la jeada del habla, para que no dijesen ajua, ni jato ni jracias. «Todas las mañanas teníamos que decir la frase Los pájaros de Guadalajara tienen la garganta llena de trigo. ¡Muchos palos llevamos por culpa de Juadalagara!» Si de verdad me quería meter miedo, lo consiguió. La noche de la víspera[21] no dormí. Encogido en la cama, escuchaba el reloj de pared en la sala con la angustia de un condenado. El día llegó con una claridad de delantal[22] de carnicero. No mentiría si les hubiese dicho a mis padres que estaba enfermo.

El miedo, como un ratón, me roía[23] las entrañas[24].

Y me meé. No me meé en la cama, sino en la escuela.

Lo recuerdo muy bien. Han pasado tantos años y aún siento una humedad cálida y vergonzosa resbalando por las piernas. Estaba sentado en el último pupitre[25], medio agachado con la esperanza de que nadie reparase en[26] mi presencia, hasta que pudiese salir y echar a volar por la Alameda.

«A ver, usted, ¡póngase de pie!»

El destino siempre avisa. Levanté los ojos y vi con espanto que aquella orden iba por mí. Aquel maestro feo como un bicho me señalaba con la regla. Era pequeña, de madera, pero a mí me pareció la lanza[27] de Abd el Krim.

---

20 amígdalas: órganos que tenemos a ambos lados de la garganta **21 víspera:** el día de antes **22 delantal:** tela que se ata a la cintura para proteger la ropa **23 roer:** manera especial de comer que tienen los ratones **24 entrañas:** vísceras, órganos internos blandos del cuerpo **25 pupitre:** mesa escolar con cajonera **26 reparar en:** darse cuenta de algo, fijarse en algo **27 lanza:** arma que consiste en un palo largo acabado en una fina punta

«¿Cuál es su nombre?»
«Pardal.»
Todos los niños rieron a carcajadas[28]. Sentí como si me golpeasen con latas en las orejas.
«¿Pardal?»
No me acordaba de nada. Ni de mi nombre. Todo lo que yo había sido hasta entonces había desaparecido de mi cabeza. Mis padres eran dos figuras borrosas que se desvanecían[29] en la memoria. Miré hacia el ventanal, buscando con angustia los árboles de la Alameda.
Y fue entonces cuando me meé.
Cuando los otros chavales se dieron cuenta, las carcajadas aumentaron y resonaban como latigazos[30].
Huí. Eché a correr como un locuelo con alas. Corría, corría como solo se corre en sueños cuando viene detrás de uno el Hombre del Saco. Yo estaba convencido de que eso era lo que hacía el maestro. Venir detrás de mí. Podía sentir su aliento en el cuello, y el de todos los niños, como jauría[31] de perros a la caza de un zorro. Pero cuando llegué a la altura del palco[32] de la música y miré hacia atrás, vi que nadie me había seguido, y que estaba a solas con mi miedo, empapado de sudor y meos. El palco estaba vacío. Nadie parecía fijarse en mí, pero yo tenía la sensación de que todo el pueblo disimulaba[33], de que docenas de ojos censuradores me espiaban tras las ventanas y de que

28 reír a carcajadas: reír mucho. Una carcajada es una risa fuerte y larga
29 desvanecerse: desaparecer o deshacerse gradualmente, poco a poco **30 latigazo:** golpe de látigo. Un látigo es una cuerda que se emplea para pegar **31 jauría:** grupo de perros organizado para cazar **32 palco:** lugar elevado en la plaza de los pueblos donde toca la banda de música **33 disimular:** ocultar o esconder algo que se siente

las lenguas murmuradoras[34] no tardarían en llevarles la noticía a mis padres. Mis piernas decidieron por mí. Caminaron hacia el Sinaí con una determinación desconocida hasta entonces. Esta vez llegaría hasta Coruña y embarcaría de polizón[35] en uno de eso barcos que van a Buenos Aires.

Desde la cima del Sinaí no se veía el mar, sino otro monte aún más grande, con peñascos recortados como torres de una fortaleza inaccesible. Ahora recuerdo con una mezcla de asombro y melancolía lo que logré hacer aquel día. Yo solo, en la cima, sentado en la silla de piedra, bajo las estrellas, mientras que en el valle se movían como luciérnagas[36] los que con el candil[37] andaban en mi busca. Mi nombre cruzaba la noche a lomos de[38] los aullidos[39] de los perros. No estaba impresionado. Era como si hubiese cruzado la línea del miedo. Por eso no lloré ni me resistí cuando apareció junto a mí la sombra recia[40] de Cordeiro. Me envolvió con su chaquetón y me cogió en brazos[41]. «Tranquilo, Pardal, ya pasó todo.»

Aquella noche dormí como un santo, bien arrimado a mi madre. Nadie me había reñido[42]. Mi padre se había quedado en la cocina, fumando en silencio, con los codos sobre el mantel de hule[43], las colillas amontonadas en el cenicero de concha de vieira[44], tal como había sucedido cuando se murió la abuela.

Tenía la sensación de que mi madre no me había soltado la mano durante toda la noche. Así me llevó, cogido como quien

---

34 murmurador: que habla mal de alguien sin que esté presente **35 polizón:** persona que se mete en un barco a escondidas **36 luciérnaga:** insecto que emite luz **37 candil:** lámpara de aceite **38 a lomos de:** encima de un animal **39 aullido:** sonido que emiten perros y lobos **40 recio:** fuerte **41 coger en brazos:** levantar a alguien **42 reñir:** regañar **43 hule:** mantel de plástico **44 concha de vieira:** concha típica de Galicia

lleva un serón[45], en mi regreso a la escuela. Y en esta ocasión, con el corazón sereno, pude fijarme por primera vez en el maestro. Tenía la cara de un sapo.

El sapo sonreía. Me pellizcó[46] la mejilla con cariño. «Me gusta ese nombre, Pardal.» Y aquel pellizco me hirió como un dulce de café. Pero lo más increíble fue cuando, en medio de un silencio absoluto, me llevó de la mano hacia su mesa y me sentó en su silla. Él permaneció de pie, cogió un libro y dijo:

«Tenemos un nuevo compañero. Es una alegría para todos y vamos a recibirlo con un aplauso.» Pensé que me iba a mear de nuevo por los pantalones, pero solo noté una humedad en los ojos. «Bien, y ahora vamos a empezar un poema. ¿A quién le toca? ¿Romualdo? Venga, Romualdo, acércate. Ya sabes, despacito y en voz bien alta.»

A Romualdo los pantalones cortos le quedaban ridículos. Tenía las piernas muy largas y oscuras, con las rodillas llenas de heridas.

Una tarde parda y fría...
«Un momento, Romualdo, ¿qué es lo que vas a leer?»
«Una poesía, señor.»
«¿Y cómo se titula?»
«*Recuerdo infantil*. Su autor es don Antonio Machado.»
«Muy bien, Romualdo, adelante. Con calma y en voz alta. Fíjate en la puntuación.»

---

45 serón: especie de saco con el que se carga un caballo o mula **46 pellizcar:** coger la piel con los dedos, apretándola, para causar dolor

El llamado Romualdo, a quien yo conocía de acarrear[47] sacos de piñas como niño que era de Altamira, carraspeó[48] como un viejo fumador de picadura[49] y leyó con una voz increíble, espléndida, que parecía salida de la radio de Manolo Suárez, el indiano[50] de Montevideo.

Una tarde parda y fría
de invierno. Los colegiales
estudian. Monotonía
de lluvia tras los cristales.
Es la clase. En un cartel
se representa a Caín
fugitivo y muerto Abel,
junto a una mancha carmín...

«Muy bien. ¿Que significa monotonía de lluvia, Romualdo?», preguntó el maestro.

«Que llueve sobre mojado[51], don Gregorio.»

«¿Rezaste?», me preguntó mamá, mientras planchaba la ropa que papá había cosido durante el día. En la cocina, la olla de la cena despedía un aroma amargo de nabiza[52].

«Pues sí», dije yo no muy seguro. «Una cosa que hablaba de Caín y Abel.»

---

47 acarrear: cargar **48 carraspear:** producir un ruido con la garganta para aclarar la voz **49 tabaco de picadura:** tabaco cortado en trocitos finos **50 indiano:** persona que volvía rica a España después de haber pasado muchos años en América **51 llover sobre mojado:** (aquí) usada en sentido literal, frase hecha para indicar que una situación problemática se repite **52 nabiza:** hoja tierna del nabo

«Eso está bien», dijo mamá, «no sé por qué dicen que el nuevo maestro es un ateo.»

«¿Qué es un ateo?»

«Alguien que dice que Dios no existe.» Mamá hizo un gesto de desagrado y pasó la plancha con energía por las arrugas[53] de un pantalón.

«¿Papá es ateo?»

Mamá apoyó la plancha y me miró fijamente.

«¿Cómo va a ser papá un ateo? ¿Cómo se te ocurre preguntar esa bobada[54]?»

Yo había oído muchas veces a mi padre blasfemar contra Dios. Lo hacían todos los hombres. Cuando algo iba mal, escupían[55] en el suelo y decían esa cosa tremenda contra Dios. Decían las dos cosas: me cago en Dios, me cago en el Demonio. Me parecía que solo las mujeres creían realmente en Dios.

«¿Y el Demonio? ¿Existe el Demonio?»

«¡Por supuesto!»

El hervor hacía bailar la tapa de la cacerola. De aquella boca mutante salían vaharadas[56] de vapor y gargajos[57] de espuma y verdura. Una mariposa nocturna revoloteaba por el techo alrededor de la bombilla que colgaba del cable trenzado[58]. Mamá estaba enfurruñada[59] como cada vez que tenía que planchar. La cara se le tensaba cuando marcaba la raya de las

---

53 arruga: pliegue irregular en la ropa **54 bobada:** tontería **55 escupir:** echar con fuerza saliva por la boca **56 vaharada:** porción de vaho, aliento o respiración **57 gargajo:** mocos o flemas que se acumulan en la garganta **58 trenzado:** hecho una trenza **59 enfurruñado:** un poco enfadado

perneras. Pero ahora hablaba en un tono suave y algo triste, como si se refiriese a un desvalido[60].

«El Demonio era un ángel, pero se hizo malo.»

La mariposa chocó con la bombilla, que se bamboleó[61] ligeramente y desordenó las sombras.

«Hoy el maestro ha dicho que las mariposas también tienen lengua, una lengua finita y muy larga, que llevan enrollada como el muelle de un reloj. Nos la va a enseñar con un aparato que le tienen que enviar de Madrid. ¿A que parece mentira eso de que las mariposas tengan lengua?»

«Si él lo dice, es cierto. Hay muchas cosas que parecen mentira y son verdad. ¿Te ha gustado la escuela?»

«Mucho. Y no pega. El maestro no pega.»

No, el maestro don Gregorio no pegaba. Al contrario, casi siempre sonreía con su cara de sapo. Cuando dos se peleaban durante el recreo[62], él los llamaba, «parecéis carneros[63]», y hacía que se estrecharan la mano. Después los sentaba en el mismo pupitre. Así fue como conocí a mi mejor amigo, Dombodán, grande, bondadoso y torpe[64]. Había otro chaval, Eladio, que tenía un lunar[65] en la mejilla, al que le hubiera zurrado[66] con gusto, pero nunca lo hice por miedo a que el maestro me mandase darle la mano y que me cambiase del lado de Dombodán. La forma que don Gregorio tenía de mostrarse muy enfadado era el silencio.

---

60 desvalido: débil, que no puede valerse por sí mismo **61 bambolearse:** moverse con un movimiento de péndulo **62 recreo:** tiempo en el que los niños juegan en el patio del colegio **63 carnero:** macho de la oveja **64 torpe:** inhábil, inexperto **65 lunar:** pequeña mancha oscura en la piel **66 zurrar:** (coloquial) pegar

«Si vosotros no os calláis, tendré que callarme yo.»

Y se dirigía hacia el ventanal, con la mirada ausente, perdida en el Sinaí. Era un silencio prolongado, descorazonador, como si nos hubiese dejado abandonados en un extraño país. Pronto me di cuenta de que el silencio del maestro era el peor castigo imaginable. Porque todo lo que él tocaba era un cuento fascinante. El cuento podía comenzar con una hoja de papel, después de pasar por el Amazonas y la sístole y diástole del corazón. Todo conectaba, todo tenía sentido. La hierba, la lana, la oveja, mi frío. Cuando el maestro se dirigía hacia el mapamundi, nos quedábamos atentos como si se iluminase la pantalla del cine Rex. Sentíamos el miedo de los indios cuando escucharon por vez primera el relinchar[67] de los caballos y el estampido[68] del arcabuz. Íbamos a lomos de[69] los elefantes de Aníbal de Cartago por las nieves de los Alpes, camino de Roma.

Luchábamos con palos y piedras en Ponte Sampaio contra las tropas de Napoleón. Pero no todo eran guerras. Fabricábamos hoces[70] y rejas de arado[71] en las herrerías[72] del Incio. Escribíamos cancioneros de amor en la Provenza y en el mar de Vigo. Construíamos el Pórtico de la Gloria. Plantábamos las patatas que habían venido de América. Y a América emigramos cuando llegó la peste[73] de la patata.

«Las patatas vinieron de América», le dije a mi madre a la hora de comer, cuando me puso el plato delante.

---

67 relinchar: sonido de los caballos **68 estampido:** ruido fuerte y seco **69 a lomos de:** montado en **70 hoz:** instrumento curvo para cortar la hierba **71 reja de arado:** (en agricultura) parte final del arado que penetra en la tierra **72 herrería:** lugar en el que se fabrican utensilios de hierro **73 peste:** enfermedad mortal y muy contagiosa

«¡Qué iban a venir de América! Siempre ha habido patatas», sentenció[74] ella. «No, antes se comían castañas. Y también vino de América el maíz.» Era la primera vez que tenía clara la sensación de que gracias al maestro yo sabía cosas importantes de nuestro mundo que ellos, mis padres, desconocían.

Pero los momentos más fascinantes de la escuela eran cuando el maestro hablaba de los bichos. Las arañas de agua inventaban el submarino. Las hormigas cuidaban de un ganado que daba leche y azúcar y cultivaban setas. Había un pájaro en Australia que pintaba su nido de colores con una especie de óleo que fabricaba con pigmentos vegetales. Nunca me olvidaré. Se llamaba el tilonorrinco. El macho colocaba una orquídea en el nuevo nido para atraer a la hembra.

Tal era mi interés que me convertí en el suministrador[75] de bichos de don Gregorio y él me acogió como el mejor discípulo. Había sábados y festivos que pasaba por mi casa e íbamos juntos de excursión. Recorríamos las orillas del río, las gándaras[76], el bosque y subíamos al monte Sinaí. Cada uno de esos viajes era para mí como una ruta del descubrimiento. Volvíamos siempre con un tesoro. Una mantis. Un caballito del diablo. Un ciervo volante. Y cada vez una mariposa distinta, aunque yo solo recuerdo el nombre de una a la que el maestro llamó Iris, y que brillaba hermosísima posada[77] en el barro o el estiércol[78].

---

74 sentenciar: decir algo con solemnidad **75 suministrador:** persona que suministra, que proporciona algo **76 gándara:** tierra baja llena de hierbas **77 posarse:** acción de los insectos voladores de pararse **78 estiércol:** excrementos (mierda) del ganado que sirven de abono para las plantas

Al regreso, cantábamos por los caminos como dos viejos compañeros. Los lunes, en la escuela, el maestro decía: «Y ahora vamos a hablar de los bichos de Pardal.»

Para mis padres, estas atenciones del maestro eran un honor. Aquellos días de excursión, mi madre preparaba la merienda[79] para los dos: «No hace falta, señora, yo ya voy comido», insistía don Gregorio. Pero a la vuelta decía: «Gracias, señora, exquisita la merienda.»

«Estoy segura de que pasa necesidades», decía mi madre por la noche.

«Los maestros no ganan lo que tendrían que ganar», sentenciaba, con sentida solemnidad, mi padre. «Ellos son las luces de la República.»

«¡La República, la República! ¡Ya veremos adónde va a parar la República!»

Mi padre era republicano. Mi madre, no. Quiero decir que mi madre era de misa diaria y los republicanos aparecían como enemigos de la Iglesia. Procuraban no discutir cuando yo estaba delante, pero a veces los sorprendía.

«¿Qué tienes tú contra Azaña[80]? Eso es cosa del cura, que os anda calentando la cabeza[81].»

«Yo voy a misa a rezar», decía mi madre.

«Tú sí, pero el cura no.»

Un día que don Gregorio vino a recogerme para ir a buscar

---

79 merienda: pequeña comida que se hace por la tarde **80 Azaña:** Manuel Azaña, presidente de la II República Española en 1936, tras el triunfo del Frente Popular **81 calentar la cabeza:** frase hecha que quiere decir problematizar a alguien, meter a alguien una preocupación o un problema que no tiene realmente

mariposas, mi padre le dijo que, si no tenía inconveniente, le gustaría tomarle las medidas para un traje.

«¿Un traje?»

«Don Gregorio, no lo tome usted a mal. Quisiera tener una atención con[82] usted. Y yo lo que sé hacer son trajes.»

El maestro miró alrededor con desconcierto.

«Es mi oficio[83]», dijo mi padre con una sonrisa.

«Respeto mucho los oficios», dijo por fin el maestro.

Don Gregorio llevó puesto aquel traje durante un año, y lo llevaba también aquel día de julio de 1936, cuando se cruzó conmigo en la Alameda, camino del ayuntamiento.

«¿Qué hay, Pardal? A ver si este año por fin podemos verle la lengua a las mariposas.»

Algo extraño estaba sucediendo. Todo el mundo parecía tener prisa, pero no se movía. Los que miraban hacia delante, se daban la vuelta. Los que miraban para la derecha, giraban hacia la izquierda. Cordeiro, el recogedor de basura y hojas secas, estaba sentado en un banco, cerca del palco de la música. Yo nunca había visto a Cordeiro sentado en un banco. Miró hacia arriba, con la mano de visera[84]. Cuando Cordeiro miraba así y callaban los pájaros, era que se avecinaba[85] una tormenta.

Oí el estruendo[86] de una moto solitaria. Era un guardia con una bandera sujeta en el asiento de atrás. Pasó delante

---

82 tener una atención con alguien: es un eufemismo para decir «hacer un regalo»
83 oficio: profesión **84 visera:** parte saliente que tienen las gorras para proteger la cara del sol **85 avecinarse:** acercarse **86 estruendo:** ruido muy fuerte

del ayuntamiento y miró para los hombres que conversaban inquietos en el porche. Gritó: «¡Arriba España!» Y arrancó[87] de nuevo la moto dejando atrás una estela[88] de explosiones. Las madres empezaron a llamar a sus hijos. En casa, parecía que la abuela se hubiese muerto otra vez. Mi padre amontonaba colillas en el cenicero y mi madre lloraba y hacía cosas sin sentido, como abrir el grifo de agua y lavar los platos limpios y guardar los sucios.

Llamaron a la puerta y mis padres miraron el pomo[89] con desazón[90]. Era Amelia, la vecina, que trabajaba en casa de Suárez, el indiano.

«¿Sabéis lo que está pasando? En Coruña, los militares han declarado el estado de guerra. Están disparando contra el Gobierno Civil.»

«¡Santo Cielo!», se persignó[91] mi madre.

«Y aquí», continuó Amelia en voz baja, como si las paredes oyesen, «dicen que el alcalde llamó al capitán de carabineros[92], pero que éste mandó decir que estaba enfermo.»

Al día siguiente no me dejaron salir a la calle. Yo miraba por la ventana y todos los que pasaban me parecían sombras encogidas, como si de repente hubiese llegado el invierno y el viento arrastrase a los gorriones[93] de la Alameda como hojas secas.

---

87 arrancar: empezar a funcionar un aparato de motor **88 estela:** rastro en el aire o en el agua de un cuerpo en movimiento **89 pomo:** parte redonda de las puertas que se gira para abrirlas o cerrarlas **90 desazón:** estado de inquietud **91 persignarse:** hacer la señal de la cruz en la cara con los dedos **92 carabineros:** cuerpo policial de la época **93 gorrión:** pájaro pequeño, gris y marrón. Muy abundante en las ciudades españolas

Llegaron tropas de la capital y ocuparon el ayuntamiento. Mamá salió para ir a misa, y volvió pálida y entristecida, como si hubiese envejecido en media hora.

«Están pasando cosas terribles, Ramón», oí que le decía, entre sollozos[94], a mi padre. También él había envejecido. Peor aún. Parecía que hubiese perdido toda voluntad. Se había desfondado[95] en un sillón y no se movía. No hablaba. No quería comer.

«Hay que quemar las cosas que te comprometan, Ramón. Los periódicos, los libros. Todo.»

Fue mi madre la que tomó la iniciativa durante aquellos días. Una mañana hizo que mi padre se arreglara bien y lo llevó con ella a misa. Cuando regresaron, me dijo: «Venga, Moncho, vas a venir con nosotros a la Alameda.» Me trajo la ropa de fiesta y mientras me ayudaba a anudar[96] la corbata, me dijo con voz muy grave: «Recuerda esto, Moncho. Papá no era republicano. Papá no era amigo del alcalde. Papá no hablaba mal de los curas. Y otra cosa muy importante, Moncho. Papá no le regaló un traje al maestro.»

«Sí que se lo regaló.»

«No, Moncho. No se lo regaló. ¿Has entendido bien? ¡No se lo regaló!»

«No, mamá, no se lo regaló.»

Había mucha gente en la Alameda, toda con ropa de domingo.

---

94 sollozo: gemido, sonido que se hace cuando se llora **95 desfondarse:** perder la fuerza **96 anudar:** juntar o unir dos cuerdas o tiras entremezclando las dos para evitar que se separaren cuando se tira de ellas

También habían bajado algunos grupos de las aldeas, mujeres enlutadas[97], paisanos viejos con chaleco[98] y sombrero, niños con aire asustado, precedidos por algunos hombres con camisa azul y pistola al cinto[99]. Dos filas de soldados abrían un pasillo desde la escalinata[100] del ayuntamiento hasta unos camiones con remolque entoldado[101], como los que se usaban para transportar el ganado en la feria grande. Pero en la Alameda no había el bullicio[102] de las ferias, sino un silencio grave de Semana Santa. La gente no se saludaba. Ni siquiera parecían reconocerse los unos a los otros. Toda la atención estaba puesta en la fachada del ayuntamiento.

Un guardia entreabrió la puerta y recorrió el gentío con la mirada. Luego abrió del todo e hizo un gesto con el brazo. De la boca oscura del edificio, escoltados[103] por otros guardias, salieron los detenidos. Iban atados de pies y manos, en silente cordada[104]. De algunos no sabía el nombre, pero conocía todos aquellos rostros. El alcalde, los de los sindicatos[105], el bibliotecario del ateneo Resplandor Obrero, Charli, el vocalista de la Orquesta Sol y Vida, el cantero[106] al que llamaban Hércules, padre de Dombodán... Y al final de la cordada, chepudo[107] y feo como un sapo, el maestro.

---

97 enlutado: vestido de negro por la muerte de alguien **98 chaleco:** chaqueta sin mangas **99 al cinto:** en el cinturón **100 escalinata:** escalera amplia y artísica **101 remolque entoldado:** vehículo sin motor con una tela en su parte superior **102 bullicio:** actividad ruidosa **103 escoltar:** acompañar a alguien con armas, para protegerlo o evitar que se escape **104 silente cordada:** fila silenciosa **105 sindicato:** asociación de trabajadores **106 cantero:** persona que extrae piedras de la tierra **107 chepudo:** con chepa

Se escucharon algunas órdenes y gritos aislados que resonaron en la Alameda como petardos[108]. Poco a poco, de la multitud fue saliendo un murmullo que acabó imitando aquellos insultos.

«¡Traidores! ¡Criminales! ¡Rojos!»

«Grita tu también, Ramón, por lo que más quieras, ¡grita!» Mi madre llevaba a papá cogido del brazo, como si lo sujetase con todas sus fuerzas para que no desfalleciera[109]. «¡Que vean que gritas, Ramón, que vean que gritas!»

Y entonces oí cómo mi padre decía: «¡Traidores!» con un hilo de voz. Y luego, cada vez más fuerte, «¡Criminales! ¡Rojos!» Soltó del brazo a mi madre y se acercó más a la fila de los soldados, con la mirada enfurecida hacia el maestro. «¡Asesino! ¡Anarquista! ¡Comeniños!»

Ahora mamá trataba de retenerlo y le tiró de la chaqueta discretamente. Pero él estaba fuera de sí[110]. «¡Cabrón! ¡Hijo de mala madre!» Nunca le había oído llamar eso a nadie, ni siquiera al árbitro en el campo de fútbol. «Su madre no tiene culpa, ¿eh, Moncho?, recuerda eso.»

Pero ahora se volvía hacía mí enloquecido y me empujaba con la mirada, los ojos llenos de lágrimas y sangre.

«¡Grítale tú también, Monchiño, grítale tú también!»

Cuando los camiones arrancaron, cargados de presos, yo fui uno de los niños que corrieron detrás, tirando piedras.

---

108 petardo: tubito con pólvora que cuando se enciende explota **109 desfallecer:** perder las fuerzas **110 estar fuera de sí:** estar muy alterado, sin control

Buscaba con desesperación el rostro del maestro para llamarle traidor y criminal. Pero el convoy era ya una nube de polvo a lo lejos y yo, en medio de la Alameda, con los puños cerrados, solo fui capaz de murmurar con rabia: «¡Sapo! ¡Tilonorrinco! ¡Iris!».

FIN

"La lengua de las mariposas", de Manuel Rivas. Incluido en ¿*Qué me quiéres, amor?*

GLOSARIO

ESPAÑOL	INGLÉS	FRANCÉS	ALEMÁN
1 aguardar	to await	attendre	erwarten
2 menudo	small	menu	winzig
3 entusiasta	enthusiastic	enthousiaste	enthusiastisch
4 trompa	proboscis, tube	trompe	Saugrüssel
5 muelle	spring	ressort	Feder
6 cáliz	calyx	calice	Blütenkelch
7 tarro	jar	pot	Glas
8 yema	fingertip	bout des doigts	Fingerkuppe
9 barril	barrel	baril	Fass
10 almíbar	syrup	sirop	Sirup
11 blandir	to brandish	brandir	schwingen
12 vara de mimbre	wicker rod	tige d'osier	Rute
13 ir de quintos	to be drafted	être appelé sous les drapeaux	einberufen werden
14 suplicio	ordeal	supplice	Qual
15 aterido	frozen stiff	transi de froid	starr vor Kälte
16 ganado	livestock, cattle	bétail	Vieh
17 enredar	to stir up trouble	embrouiller	Probleme machen
18 apodo	nickname	surnom	Spitzname
19 pardal	house sparrow	moineau	Haussperling
20 amígdalas	tonsils	amygdales	Mandeln
21 víspera	the day or night before	veille	Vorabend

ESPAÑOL	INGLÉS	FRANCÉS	ALEMÁN
22 delantal	apron	tablier	Fleischerschürze
23 roer	to gnaw	ronger	an etwas nagen
24 entrañas	entrails, guts	entrailles	Eingeweide
25 pupitre	school desk	pupitre	Schulbank
26 reparar en	to notice	remarquer	etwas wahrnehmen
27 lanza	spear, lance	lance	Speer
28 reír a carcajadas	to roar with laughter	rire aux éclats	lauthals loslachen
29 desvanecer	to fade, vanish	s'effacer	dahinschwinden
30 latigazos	lashes	coups de fouet	Peitschenhiebe
31 jauría	pack of dogs	meute	Meute
32 palco	dais, rostrum	kiosque	Loge
33 disimular	to pretend, dissemble	dissimuler	vortäuschen
34 murmurador	murmuring	médisant	Murmeln
35 polizón	stowaway	passager clandestin	blinder Passagier
36 luciérnaga	firefly	vers luisant	Glühwürmchen
37 candil	oil lamp	lampe à huile	Öllampe
38 a lomos de	on the back of, riding on	à/au dos de	auf dem Rücken von
39 aullido	howl, wail	hurlement	Geheul
40 recio	robust, severe	robuste	hart
41 coger en brazos	to take in one's arms	prendre dans ses bras	in die Arme nehmen
42 reñir	to tell of	gronder	schimpfen
43 hule	oilcloth	toile cirée	Gummi
44 concha de vieira	scallop shell	coquille de Saint-Jacques	Jakobsmuschel

ESPAÑOL	INGLÉS	FRANCÉS	ALEMÁN
45 serón	basket	couffin	Korb
46 pellizcar	to pinch	pincer	kneifen
47 acarrear	to carry	transporter	ernten
48 carraspear	to clear one's throat	se racler la gorge	sich räuspern
49 picadura	pipe tobacco	piqûre	Pfeifentabak
50 indiano	an immigrant who has returned home after making his fortune in the Americas	indien	von Amerika Zurückgekehrter
51 llover sobre mojado	to make matters worse	ce n'est ne pas la première fois	ein Unglück kommt selten allein
52 nabiza	turnip	feuille du navet	Rübe
53 arruga	wrinkle	ride	Falte
54 bobada	nonsense	bêtise	Dummheit
55 escupir	to spit	cracher	spucken
56 vaharada	waft	bouffée	Hauch
57 gargajo	froth	crachat	Schaum
58 trenzado	braided	tresse	Beflechtung
59 enfurruñado	upset	boudé	genervt, böse
60 desvalido	helpless person	déshérité	hilflose Person
61 bambolearse	to sway	balancer	schaukeln
62 recreo	recess	récréation	Pause
63 carnero	ram, male goat	mouton, bélier	Hammel
64 torpe	clumsy	maladroit	tollpatschig
65 lunar	mole	grain de beauté	Muttermal
66 zurrar	to beat up	donner une raclée	verprügeln

ESPAÑOL	INGLÉS	FRANCÉS	ALEMÁN
67 relinchar	whinny	hennissement	wiehern
68 estampidos	bang	détonation	Knalle
69 a lomos de	on the back of, riding on	à/au dos de	auf dem Rücken von
70 hoz	sickle	faucille	Sichel
71 reja de arado	plowshare	soc	Pflugschar
72 herrería	blacksmith	forge	Schmiede
73 peste	plague	"peste"	Seuche
74 sentenciar	declare	prononcer	erklären
75 suministrador	supplier	fournisseur	Lieferant
76 gándara	low-lying bushy area	sol inculte	niedrig gelegenes buschiges Gebiet
77 posarse	to alight	se poser	sich niederlassen
78 estiércol	manure	fumier	Mist
79 merienda	afternoon snack	goûter	Jause
80 Azaña	Manuel Azaña	Manuel Azaña	Manuel Azaña
81 calentar la cabeza	to arouse anger	casser la tête	die Gemüter erhitzen
82 tener una atención con	to give a present	avoir une attention pour	ein Geschenk geben
83 oficio	trade	métier	Arbeit, Beruf
84 visera	visor, eye shade	visière	Visier, Schutz
85 avecinarse	to draw near	approcher	sich annähern
86 estruendo	loud noise	grondement	Getöse, Donner
87 arrancar	to start	démarrer	anstarten
88 estela	wake	traînée (de fumée)	Spur, Schweif

ESPAÑOL	INGLÉS	FRANCÉS	ALEMÁN
89 pomo	handle	pommeau	Türgriff
90 desazón	uneasiness	inquiétude	Unbehagen
91 persignarse	to cross oneself	se signer	sich bekreuzigen
92 carabinero	police	carabinier	Polizei
93 gorrión	common sparrow	moineau	Sperling
94 entre sollozos	between sobs	en sanglots	unter Schluchzen
95 desfondar	to sink into	effondrer	versinken
96 anudar	to tie	nouer	knoten, binden
97 enlutado	dressed in mourning	en deuil	in Trauerkleidung
98 chaleco	vest	gilet	Weste
99 al cinto	holstered	à la ceinture	am Gürtel
100 escalinata	staircase	perron	Vortreppe
101 remolque entoldado	covered trailer	remorque avec bâche	Fahrzeuganhänger
102 bullicio	hustle	frétillement	Getöse, Lärm
103 escoltar	to escort	escorter	eskortiert
104 cordada	tied or chained together	cordée	zusammengekettet
105 sindicato	trade union	syndicat	Gewerkschaft
106 cantero	quarry worker	carrier	Steinmetz
107 chepudo	hunched	bossu	bucklig
108 petardo	firecracker	petard	Knaller, Sprengkörper
109 desfallecer	to become weak	défaillir	in Ohnmacht fallen
110 fuera de sí	out of one's mind	hors de soi	außer sich

ACTIVIDADES

A. Sustituya la expresión en negrita por un sinónimo del recuadro:

> frecuentes, bote, pequeñas, valiosas, asustar, parado, tosca, hambre, percibís, artilugio, idea, tarrina, congelado, enorme, incomodar, inventario, válidas, oléis, impresión, mojado, sudado, estrecheces, terrón, saboreáis, entumecidos, fuerte, sensibilidad, frío

1. Tanto nos hablaba de cómo se agrandaban las cosas **menudas** e invisibles por aquel **aparato** que los niños llegábamos a verlas de verdad.
2. Cuando lleváis el dedo **humedecido** a un **tarro** de azúcar ¿a que **sentís** ya el dulce en la boca como si la yema fuese la punta de la lengua?
3. Aparecía a los dos o tres días **ateridos** y sin habla, como desertores del Barranco del Lobo.
4. Si de verdad me quería **meter miedo**, lo consiguió.
5. Por eso no lloré ni me resistí cuando apareció junto a mi la sombra **recia** de Cordeiro.
6. Era la primera vez que tenía la clara **sensación** de que gracias al maestro yo sabía cosas **importantes**.
7. Estoy convencida de que el maestro pasa **necesidades**.

B. Elija la forma adecuada:

Había otro chaval, Eladio, que (1) *tenía / tuvo* un lunar en la mejilla, al que le (2) *había / hubiera zurrado* con gusto, pero nunca lo (3) *hice /hacía* por miedo a que el maestro me (4) *mandase / mandaba* darle la mano y que me (5) *cambiaba / cambiase* del lado de Dombodán. La forma que don Gregorio (6) *tuvo / tenía* de mostrarse muy enfadado (7) *era / fue* el silencio.

«Si vosotros no os calláis, (8) *tendré / tendría* que callarme yo.» Y se (9) *dirigió / dirigía* hacia el ventanal, con la mirada ausente, perdida en el Sinaí. Era un silencio prolongado, descorazonador, como si nos (10) *hubiese / habría* dejado abandonados en un extraño país. Pronto me (11) *daba / di cuenta* de que el silencio del maestro (12) *era / fue* el peor castigo imaginable. Porque todo lo que él (13) *tocara / tocaba* era un cuento fascinante. El cuento (14) *podía / podría* comenzar con una hoja de papel, después de pasar por el Amazonas y la sístole y diástole del corazón. Todo (15) *conectó / conectaba*, todo (16) *tenía / tuvo* sentido. La hierba, la lana, la oveja, mi frío. Cuando el maestro se (17) *dirigía / dirigió* hacia el mapamundi, nos (18) *quedamos / quedábamos* atentos como si se (19) *iluminase / iluminaba* la pantalla del cine Rex. (20) *Sentimos / sentíamos* el miedo de los indios cuando escucharon por vez primera el relinchar de los caballos y el estampido del arcabuz. (21) *Íbamos / fuimos* a lomos de los elefantes de Aníbal de Cartago por las nieves de los Alpes, camino de Roma. (22) *Luchamos / luchábamos* con palos y piedras en Ponte Sampaio contra las tropas de Napoleón. Pero no todo (23) *eran / fueran* guerras. (24) *Fabricábamos/ fabricamos* hoces y rejas de arado en las herrerías del Incio. (25) *Escribimos/escribíamos* cancioneros de amor en la Provenza y en el mar de Vigo. (26) *Construíamos/ construimos* el Pórtico de la Gloria. (27) *Plantábamos / plantamos* las patatas que (28) *habrían / habían* venido de América. Y a América (29) *emigrábamos / emigramos* cuando *(30) llegó / llegaba* la peste de la patata.

C. Busque la definición de las siguientes palabras:

1. candil 2. polizón 3. hule 4. vieira 5. vaharada 6. gargajo 7. pomo 8. porche

a. Grandeza o capacidad de una cosa.
b. Vapor de agua.
c. Agarrador de una puerta, mueble, etc., de forma redondeada.
d. Golpe de tos fuerte.
e. Molusco cuya concha es la insignia de los peregrinos del Camino de Santiago.
f. Golpe de vaho, olor o calor.
g. Vela para alumbrar.
h. Flema que se expulsa por la boca.
i. Miembro de la policía.
j. Persona que se embarca clandestinamente para viajar sin pagar el pasaje.
k. Frasco para líquidos.
l. Mejillón que se emplea en la elaboración de la paella.
m. Mantel de tela que se coloca encima de la mesa de trabajo.
n. Entrada a un edificio o zona lateral del mismo cubierta por una techumbre.
o. Tela resistente y flexible plastificada para impermeabilizarla.
p. Lámpara para alumbrar formada por dos recipientes de metal superpuestos, uno con aceite para alimentar la llama de la mecha y otro con un asa o un garfio para colgar.

D. Explique con ejemplos la diferencia de significado entre los verbos:
1. correr / corretear
2. blandir / mover
3. desertar / traicionar
4. desvanecer / desaparecer
5. resonar / sonar
6. acarrear / llevar
7. carraspear/ toser
8. moverse / bambolearse
9. revolotear / volar

E. Haga una descripción física y psicológica de don Gregorio, el maestro: Explique cómo lo imagina físicamente, cual es su edad, su aspecto... El narrador solo nos dice que tenía cara de sapo. Para la descripción psicológica tenga en cuenta el comportamiento que mantiene en el relato.

F. Escriba de nuevo la historia pero teniendo en cuenta al profesor como narrador.

SOLUCIONES EN LA PÁGINA 125

RELATO 2

Las visitas
Carlos Castán

EL AUTOR
CARLOS CASTÁN (1960, Barcelona)

Nació en Barcelona en 1960, aunque su infancia y juventud transcurren en Madrid. Su especialidad son los cuentos. Es profesor de Filosofía en Huesca y debutó en la literatura con el libro de relatos *Frío de vivir* (1998). Después llegó *Museo de la soledad* y bastó con estos dos libros para ganarse a la crítica y a los amantes de la narrativa en forma de cuento. Pasaron ocho años hasta que Castán publicó *Solo de lo perdido*, libro al que pertenece el cuento que te presentamos.

Inquietante, cotidiano, profundo, poético y sorprendente en su lenguaje; la técnica de Castán tiene su raíz en los cuentos de Cortázar. Sus relatos hablan de pasiones, de la pérdida, están llenos de ironía y misterio. Trascurren en ciudades como Madrid, Huesca o Barcelona pero el autor recrea una atmósfera nueva, llena de trenes que parten rumbo al pasado, llena de paisajes y delirios inquietantes. Son personajes en tránsito, en camino hacia el ayer y hacia el otro, hacia aquello que, como en una espiral, nos sitúa frente a la propia conciencia.

PRESENTACIÓN
LAS VISITAS

Este relato nos sitúa en el Madrid de la época actual, aunque también nos ofrece, en los recuerdos de infancia de uno de sus protagonistas, emotivas y plásticas descripciones de ambientes y lugares en parte ya desaparecidos. En este sentido, el relato contiene, al menos, una doble historia de amor: Madrid y Elena son, a partes iguales, los dos amores de Carlos, el protagonista y narrador. Por alguna extraña razón, ambos están asociados en su mente: si consigue uno, también conseguirá el otro. Y es que Carlos reside en una de las ciudades dormitorio próxima a la capital. La muerte de su abuela le permitirá volver a una casa del centro de Madrid y «vivir», por fin, según dice. Además la nueva casa, más accesible, hará más fácil sus prometedores encuentros con Elena.

Elena, por su parte, ha tenido recientemente una conflictiva historia con un novio capaz de darle momentos terribles, pero también bellas palabras de amor. Este novio será la visita inesperada que llama a la puerta y que no termina de marcharse, ni de la casa ni de sus vidas. Los tres personajes iniciarán una curiosa relación de interdependencia. En cierto modo, parece que se han estado esperando para dar algún sentido a sus vidas y que necesitaran la casa céntrica de Madrid como motor de sus decisiones y como punto de unión. Sin embargo, algo falta o alguien sobra.

Nuestro protagonista descubre que el amor, en el fondo, es una manera de mirar al otro, y a partir de ese momento, aunque tarde en darse cuenta, ya no buscará otra cosa que esa mirada. Por eso sabe que su historia con Elena tiene los días contados y que la relación serena que le ofrece no puede competir en pasión e intensidad con la anterior. Él carece del misterio y de la imaginación y del espíritu de lucha de su rival. Además, está acostumbrado a dejarse llevar por las circunstancias y éstas lo vuelven a poner en donde estaba.

El fracaso con Elena, sin embargo, va a llenar de verdadero contenido la palabra «vivir» dándole experiencias desconocidas. Va a saber del amor y sus matices, del profundo dolor de la pérdida, del silencio de la soledad entre los ruidos de la gran ciudad, y, sobre todo, va a sentir la nostalgia de una mirada que nunca recibió. De todo eso, sacará fuerzas para actuar con iniciativa propia por primera vez en su vida.

Si en el futuro encuentra esa mirada, siendo el mismo será ya otro. Quizás entonces su nombre represente para la mujer amada el misterio y la sorpresa que antes no pudo alcanzar.

AUDIO 2
LAS VISITAS

Locución: Marcos Gaba
Acento: Castellano
Duración: 18'52"

Las visitas
Carlos Castán

Octubre es un mes en el que en mi vida acostumbran a soplar vientos como de guerra, algunas amarguras se cuelan[1] en lo hondo y otras, por el contrario, emprenden vuelo sin saber ni adónde. El de ese año me trajo a Elena y me quitó a la abuela.

En apenas un par de semanas se veía a las claras que mis días iban a ser distintos y que lo que antes eran viajes a deshora a la farmacia de guardia[2] podía convertirse con un poco de suerte en noches de jazz y vino, y películas y Elena y aire fresco y vivir, por fin vivir, aun sin terminar de tener muy claro qué entendía yo exactamente por esta palabra que me traía ecos de esas músicas desconcertantes[3] que salen a veces desde el fondo de un bar, y evocaba borrosamente[4] terrazas de Lavapiés, la espuma de un vaso de cerveza desbordándose, taxis al aeropuerto, hombros dorados, vestidos blancos. Vivir.

El resto de mi familia no tuvo inconveniente en que tras la muerte de mi abuela me trasladase a vivir a su casa, a cuatro pasos como quien dice[5] de la glorieta de Bilbao. No era ninguna maravilla, pero mi apartamento de Tres Cantos, fuera de la ciudad, con su parqué resplandeciente, su minicadena[6], su mininevera, su miniespacio invadido de sol, me estaba apartando de la vida de una manera peligrosa y absurda. Al final

---

1 colarse: entrar sin permiso en algún lugar **2 farmacia de guardia:** farmacia abierta 24 horas al día **3 desconcertante:** que produce desorientación **4 borroso:** que no se ve con claridad **5 como quien dice:** expresión que se usa para suavizar lo que se ha afirmado **6 minicadena:** equipo pequeño para escuchar música

termina por dar pereza tanto tren de cercanías, de aquí para allá bajo los mismos túneles, sobre todo cuando, como suele ser mi caso, se sale más que nada por salir, sin rumbo fijo ni propósito definido. Y uno acaba dando vueltas a las mismas manzanas[7] sin historia de la ciudad dormitorio, fantasma y reluciente, con sus escaparates semivacíos, los contenedores de basura recién salidos de fábrica, los pasos de cebra acabados de pintar y el silencio propio de un pueblo en el que, durante la mañana, solo se han quedado los enfermos y los desempleados. Un pueblo como en espera siempre de la hora de cenar, de que regresen los vagones repletos[8] de vecinos. Además, en casa de la abuela, tan en el centro, Elena no tendría que pegarse[9] esos madrugones[10], la pobre, si alguna noche se quedaba a dormir, porque a veces nos daban las tantas[11] hablando de cosas, de las suyas más que de las mías, sobre todo de ese último novio que le amargó la vida, que bebía sin tiento[12] y arrojaba objetos desde la cama, el despertador, el cenicero, y que lloraba a veces sin venir a cuento[13] y le leía poemas en voz alta y cortaba para ella las flores de los parques.

Lo primero de todo era tratar de arrancar[14] del piso de la abuela el pegajoso rastro de la enfermedad. Después de tantos años, las habitaciones se habían impregnado[15] de un olor a bata azul celeste y a crucigrama[16] abandonado a medio hacer sobre

---

7 manzana: conjunto de edificios delimitado por calles **8 repleto:** muy lleno **9 pegarse:** (aquí) darse **10 madrugón:** efecto de levantarse muy temprano **11 dar las tantas:** quedarse hasta muy tarde haciendo algo **12 sin tiento:** sin control **13 sin venir a cuento:** inoportuno **14 arrancar:** sacar de raíz **15 impregnar:** penetrar las partículas de un cuerpo en otro **16 crucigrama:** pasatiempo consistente en formar palabras verticales y horizontales

la mesa camilla[17]. El reloj de pared de la sala, antes que marcar las horas de un mundo real ahí fuera, señalaba cucharadas de jarabe, la pastilla de la tarde, la de antes de dormir, huevos pasados por agua o vasos de leche con miel. Se diría que entre aquellos tabiques[18] siempre era la hora de los medicamentos. Se hacía extraño avanzar por los pasillos de cualquier otro modo que no fuese arrastrando los pies, e incluso las vistas desde cualquiera de las ventanas parecían corresponder a la mirada hastiada[19] de un enfermo a media tarde: la circulación cansina[20], los edificios grises, el escaparate de la vieja mercería, horas que pasaban como nubarrones sobre un paisaje urbano aburrido de sí mismo. Observando esa calle un domingo por la tarde puede tomarse conciencia de hasta qué punto es cierto que hay lugares en los que el silencio se propaga, no se puede saber cuál es la fuente de la que emerge ese silencio, qué interior de iglesia, qué aula de academia abandonada o qué alma solitaria agazapada[21] en un rincón, pero lo cierto es que el silencio se propaga desde alguna parte y va invadiendo la calle con ondas de un gas grisáceo que se cuela por todas las grietas y desciende a los sótanos y se eleva a lo alto de los terrados[22]. No iba a bastar con cambiar algunos cuadros o llenar de libros las escasas estanterías, cada tabique estaba sucio de tos y de aspirinas y la desgana se iba ovillando[23] por todos los rincones como un gato moribundo.

17 mesa camilla: mesa redonda y alta con un mantel muy largo **18 tabique:** pared delgada que separa las habitaciones de una casa **19 hastiado:** cansado **20 cansino:** que por la lentitud de sus movimientos revela cansancio **21 agazaparse:** esconderse **22 terrado:** azotea **23 ovillarse:** encogerse como un ovillo (bola de un hilo de lana, algodón, etc.)

Para investir[24] el lugar con al menos una sombra de mi ser e ir eliminando ese olor asqueroso a prohibido fumar y a baldosas fregadas con lejía lo primero que se me ocurrió fue invitar a Elena a una velada íntima para lo cual compré —no sin cierta pompa[25]— un buen reserva del Somontano[26] y unas cuantas velas para transformar en lo posible el aire y la iluminación de la sala. Me pregunté cuánto tiempo haría que no entraba en esa casa una botella de vino. Mi abuelo, que en paz descanse[27], no era un mal bebedor, recuerdo haberlo ido a buscar de crío más de una vez por las tascas[28] del barrio algunos domingos de comida familiar porque, según decían, se le iba el santo al cielo[29] y todo el mundo esperando con la mesa puesta mientras él pedía una última ronda y hablaba de la guerra y de Luis Miguel Dominguín. Recuerdo esas tabernas llenas de toneles[30] enormes donde solían obsequiarme con un puñado de aceitunas o un boquerón[31] en vinagre y en las que el vino era como una especie de rocío[32] que le salía a la madera del mostrador y a los barriles, un sudor afrutado que invadía el aire donde sénecas frustrados pontificaban[33] acerca de esto y de lo otro, el gobierno, el Tour de Francia, lo vano de la vida, la velocidad del tiempo. En su último año de vida, acorralado[34] por males sin remedio, la abuela le ponía cocacola en la mesa

---

24 investir: conceder un cargo importante **25 pompa:** ostentación **26 Somontano:** nombre del lugar de procedencia de un vino de Aragón **27 que en paz descanse:** se dice tras nombrar a una persona muerta **28 tasca:** bar **29 írsele (a alguien) el santo al cielo:** distraerse y olvidar hacer algo **30 tonel:** recipiente grande para líquidos **31 boquerón:** pez pequeño parecido a la sardina **32 rocío:** gotas de agua que aparecen al amanecer **33 pontificar:** dar opiniones en tono dogmático **34 acorralar:** encerrar a alguien dentro de estrechos límites

diciéndole que era vino y a la pobre se le salían las lágrimas de los ojos viendo que aquel hombre, la vieja autoridad de las bodeguillas del barrio, no era ya capaz de notar la diferencia.

Elena acudió bellísima, con su vestido lila y unas sandalias blancas con algo más de tacón de lo que en ella era habitual, y anduvo curioseando por las estanterías, los cuatro libros que había en la casa, casi todos obsequio de la Caja de Ahorros, retratos enmarcados, elefantes de porcelana y cosas así. En seguida descubrió las posibilidades de aquel piso sombrío, qué tabiques había que tirar, qué trastos[35] bajar al contenedor de basura y qué otros ir restaurando[36] despacio y con el tiempo, aprovechando esas tardes de lluvia en que lo que apetece es preparar una buena cafetera y quedarse en casa desempolvando los viejos discos. Nada más descorchar[37] la botella fue como si en el ambiente viciado[38] de las habitaciones hubiera irrumpido[39] de golpe un soplo de luz. La atmósfera de la sala absorbió con la avidez[40] de una esponja seca ese inesperado brote[41] de vida: las copas de cristal, las piernas de Elena, el ruido del corcho, el aire se quedó con todo eso, lo apresó[42] para sí como se bebe un ogro[43] la felicidad de los niños.

Al cuarto de hora empezaron a llamar con insistencia por el telefonillo[44]. Era Carlos, el tipo al que Elena acababa de dejar un par de meses atrás, justo antes de conocernos. Ella se puso

---

35 trasto: cosa vieja e inútil que estorba **36 restaurar:** reparar **37 descorchar:** sacar el corcho de una botella **38 viciado:** referido al aire poco limpio de un lugar cerrado
39 irrumpir: entrar violentamente **40 avidez:** ansia, codicia **41 brote:** comienzo **42 apresar:** atrapar con las garras o los colmillos **43 ogro:** gigante de los cuentos que se come a los niños **44 telefonillo:** sistema para abrir la puerta de entrada de un edificio desde cada casa

al aparato y estuvo discutiendo con él cinco largos minutos hasta que por fin le abrió la puerta haciéndome a mí una señal como de lo siento, un gesto breve que quería decir algo así como habrá más ocasiones, ya verás como sé compensarte[45]. Las presentaciones fueron escuetas[46] porque ambos nos llamábamos igual:

—Carlos, Carlos— dijo Elena.

Antes de estrecharle la mano ya advertí que venía bastante borracho. Pude haberlo echado de casa en ese mismo momento, mostrar indignación y defender el territorio, pero me di cuenta de que no era eso lo que Elena quería. Andaba confusa y seriamente preocupada por él de manera que me resigné[47] a sacar otro vaso de la vitrina[48] y jugar a ser civilizado y sensato. Se sentó enfrente de nosotros dos, como un reo[49], y se secó las lágrimas. Por un instante pensé que iba a improvisar alguna disculpa por haber irrumpido de esa forma, tan infantil e insolente, en ese encuentro íntimo que se veía tan a las claras que era cosa de dos, con la bandejita de plata de la abuela, las velas y todo eso, pero nada más lejos de sus intenciones, comenzó a hablar atropelladamente[50] de libros de poesía como si tal cosa[51], y de la atrocidad[52] del mundo y del arte indefenso que respira a veces bajo la superficie de las cosas. Yo apenas podía dar crédito[53] a la escena que tenía delante, mi tocayo[54] atacaba nuestro vino como un animal sediento se lanza a una

---

45 compensar: beneficiar a alguien por el daño que se ha causado **6 escueto:** breve y sin adornos **47 resignarse:** conformarse **48 vitrina:** armario con puertas de cristal
49 reo: acusado de un delito en un juicio **50 atropelladamente:** de manera muy rápida y sin control **51 como si tal cosa:** como si lo sucedido fuera algo muy normal
52 atrocidad: brutalidad **53 dar crédito:** creer **54 tocayo:** que tiene el mismo nombre

palangana[55] de agua fresca, agarrando el recipiente con la zarpa[56] completa. En un momento determinado, Elena llevó a cabo[57] uno de sus espectaculares cruces de piernas, no sé si dedicado a él o a mí, que me hizo pensar, casi sin querer, en que quizá la crueldad también es ciega a veces, como el amor y la justicia, y hay puñales que se arrojan[58] con toda la rabia del mundo pero con los ojos cerrados, sin importar tanto a quien duelan como el dolor en sí.

Lo que más me llamó la atención era el modo en que Elena no le quitaba ni por un segundo los ojos de encima. Lo miraba como solo se contempla aquello que sabes que te puede romper en cualquier momento, que más temprano que tarde va a hacerte crujir el corazón. A mí nunca me había dirigido una mirada como ésa, seguramente porque yo representaba para ella justamente todo lo contrario, una calma en la que cobijarse[59], un sentido común, el refugio para quien llega de demasiado lejos atravesando territorios de vértigo y espanto. El tal Carlos seguía hablando sin dejar de gesticular[60] y, en algún momento, creo que llegué a captar algo del encanto que sin duda emanaba[61], ese perfume que sale solo de las flores rotas, su tristeza sin fondo, una música en la sangre. Por un lado se merecía que le partiesen la cara ahí mismo, pero, a la vez, su mirada dirigía mis pensamientos hacia otros lugares. Carlos, ¿de dónde vienes? —le preguntaba sin hablar—, ¿qué te han

---

55 palangana: recipiente poco profundo para lavarse la cara y las manos **56 zarpa:** mano de ciertos animales (león, tigre...) **57 llevar a cabo:** hacer **58 arrojar:** tirar **59 cobijarse:** refugiarse **60 gesticular:** hacer gestos con la cara y el cuerpo **61 emanar:** emitir

hecho los días que no has llegado a amar ni siquiera a uno solo de ellos?, ¿qué monstruos, qué oscuridad extraña se ha metido a vivir en tus noches?, ¿qué pánico te guía?, ¿quién te soltó la mano cuando andabas perdido y herido, a rastras[62] por los laberintos?, ¿cómo pudiste olvidar todas tus oraciones, las canciones de esperanza, los caminos de regreso, los nombres de quienes te aguardaban con los ojos arrasados[63]?

A partir de esa tarde de la botadura[64] del piso se fueron sucediendo las visitas, cada vez más inoportunas. Solo acudía cuando había bebido lo suficiente para reunir la osadía[65] necesaria y conseguía convencerse a sí mismo de que lo anormal era normal, como si pensara que nosotros tres éramos al fin y al cabo seres especiales y de alguna manera hermanados en la vorágine[66] del mundo. Tuvimos que inventar contraseñas para que amigos más gratos pudieran entrar en la casa, desde las ventanas escudriñábamos[67] disimuladamente las aceras, como si fuéramos espías, antes de salir. Acabamos acostumbrándonos a hacer el amor mientras Carlos, desde la calle o en el mismo descansillo, aporreaba[68] los timbres. En esas ocasiones notaba en Elena una excitación especial aunque nunca sabré quién era más importante en su fantasía, si en ese juego de amor los verdaderos amantes debían estar separados por muros y yo era solo un tercero intercambiable por cualquier otro hombre sobre la Tierra.

---

62 a rastras: ir rozando con el cuerpo el suelo **63 ojos arrasados:** llenos de lágrimas
64 botadura: acto de echar un barco al agua después de construido o arreglado
65 osadía: atrevimiento **66 vorágine:** aglomeración confusa de sucesos, gentes o cosas en movimiento **67 escudriñar:** examinar cuidadosamente **68 aporrear:** dar muchos golpes

Luego las visitas se fueron espaciando hasta desaparecer del todo. Nadie llamaba a la puerta en mitad de la noche. Los días de tranquilidad dejaron de ser oasis esporádicos para convertirse en el paisaje habitual; demasiada palmera, quizás, a juzgar por el bajón que experimentó nuestro romance sin razón aparente. Rara vez nos enredábamos[69] en batallas de amor. Elena estuvo un tiempo rara y silenciosa, también ella pasaba cada vez menos tiempo en esa casa que yo había creído que iba a terminar siendo la nuestra, venía a veces a por cosas, comíamos algo juntos, a veces hacíamos algún plan para la tarde, una película, una siesta robada pero siempre con esa melancolía de quien está y ya no está, y puedes si quieres seguir rozando su piel, pero su alma se aleja sin remedio a lomos de[70] una nube negra, centímetro a centímetro, como en un mal sueño, y se va y se va, pretendes agarrarla pero de repente tiene la consistencia del aire, los ojos te dicen adiós, los labios se callan. Quieres despertarte pero la vida es eso. Tu vida es eso, es esa despedida que no se nombra ni se acaba, el deseo que regresa de vacío, el ruido del ascensor que te sobresalta[71] en medio de la noche pero que siempre va a otro piso, más arriba o más abajo, y te despiertas solo y sin saber ya qué ocurre, qué ocurrió, dónde demonios se jodió todo.

Y así hasta que un día dijo:

—Tenemos que hablar.

---

69 enredar: desordenar hilos o pelos y dejarlos unidos. Se dice de situaciones en las que las cosas se mezclan **70 a lomos de:** montado encima **71 sobresaltar:** alterar a alguien de repente

«Tenemos que hablar» es una de las frases más terribles que existen en nuestro idioma. Nadie dice eso cuando va a darte una buena noticia, una prórroga[72] o un pequeño respiro. «Tenemos que hablar» es el pánico. Elena tenía que hablar para pedirme, por favor, que le alquilase a precio de amigo ese piso de la abuela en el que yo ahora vivía y regresara a mi apartamento de Tres Cantos. Ése era su plan. Decía que necesitaba un espacio propio, salir de una vez por todas[73] de casa de sus padres pero sobre todo poder estar sola, sus ganas de escribir poemas, sus cojines indios, centrarse, centrarse mucho, seguir viéndonos, cómo no, pero cada uno con su guarida y su silencio bien diferenciados, vernos claro que sí, vernos todo lo que hiciera falta, cenar juntos, cocinar el uno para el otro, sorprendernos con el vino, pero por encima de todo cada uno en su sitio y ella con sus barritas de incienso para quemar, sus libros de meditación, y ella pintaría la casa, la cuidaría muy bien, pondría unas estanterías que había visto en Ikea, caminaría descalza todo el tiempo y se traería su música, su colección de osos, me llamaría cada dos por tres[74], me llamaría siempre.

Tres Cantos no es Madrid. No puede ser Madrid si no queda ya bajo ese cielo legendario y sin estrellas que es como la cúpula que cubre el gran nudo de historias y de búsquedas que se enredan como calles o líneas de metro o alcantarillas[75], interminables y oscuras. Es como si el aire de

---

72 prórroga: continuación de algo por un tiempo determinado **73 de una vez por todas:** se dice al decidir hacer algo que se debería haber hecho hace mucho tiempo **74 cada dos por tres:** muy frecuentemente **75 alcantarilla:** conducto subterráneo que recoge las aguas sucias de las poblaciones y les da paso

la sierra barriese cada noche de Tres Cantos los rastros de Madrid, esa especie de ceniza que se traen a veces los trenes desde Atocha, un hollín[76] mágico que durante unas horas se queda adherido[77] a las fachadas[78] y a las hojas de los árboles y que no se sabe bien qué es pero que tiene que ver con esas tabernas a las que entraba el abuelo y con frascos gigantescos de pepinillos y freidurías de churros[79] y patatas y billares a la salida de los colegios y salones de baile y librerías de viejo y muchachas rubias que corren para no perder el autobús que ya arranca y patatas bravas[80] y Elena y un extravío por todas partes, una fiebre, ciegos vendiendo el cupón, taxis aterrados, Carlos apoyado en una barra de zinc con los ojos inyectados en sangre.

No tardé en sospechar que vivían juntos, Elena y mi tocayo, al menos estaba claro que ella pasaba acompañada la mayor parte de los días. Por el motivo que fuese, el equilibrio y la calma que yo le proporcionaba a Elena no era precisamente lo que ahora ella andaba buscando, estaba convencido de que veía en mí a un ser completamente plano y anodino[81], nada que ver con las tormentas del otro Carlos, dolorosas a veces, puede ser, pero que se traían enredados versos salvajes y pura vida y locura en ese sentido de la palabra que roza casi la estrella más hiriente de las noches. Parecían amarse oscuramente bajo el vuelo de los murciélagos[82] mientras yo moría de tanto sol que

---

76 hollín: polvo negro que sale del humo **77 adherir:** pegar, juntar **78 fachada:** parte exterior de un edificio **79 churro:** dulce español de harina y azúcar frita **80 patatas bravas:** patatas fritas con salsa de tomate picante **81 anodino:** insignificante **82 murciélago:** mamífero volador nocturno

se colaba por mis ventanas en aquella urbanización de jardines repetidos.

Empecé a hacer cosas extrañas en mí. Recorría las tabernas que quedaban en pie de la época de mi abuelo, aunque ahora ya nadie me regalaba aceitunas ni boquerones en vinagre; simplemente, como uno más, bebía en ellas el vino de los derrotados[83], en silencio, y escuchaba historias de viejos soldados y toreros muertos. Busqué ser permeable a los desgarros[84] que viajan en el viento y se confunden a veces con esos gritos que nacen en las cloacas[85] por generación espontánea o en las entrañas de alguien que pasa o en los conductos del aire acondicionado, y que nadie oye porque pasa un autobús o una ráfaga[86] de música, pero que están allí, como latidos de una bestia, ruidos de torres que se desmoronan[87] en las profundidades y de venas que se parten en dos, Elena, todo eso escucho, y pido otro vaso, y dejo mis monedas en un charco de vino sobre el mostrador y corro hacia tu casa, y ya me da igual la hora que sea, y hago sonar el timbre hasta que me duele el dedo, y sé que estáis ahí arriba, siento tus jadeos[88] desde el frío de la calle, más acelerados ahora que llamo sin cesar, casi veo en el suelo tu vestido lila, tus sandalias blancas, y en la mesa baja del comedor, la botella de Somontano que compré para inaugurar una casa y una historia que era nuestra, tú lo sabes, un amor que se merendaba[89] el mundo.

---

83 derrotado: vencido **84 desgarro:** fuerte sentimiento de dolor **85 cloaca:** alcantarilla **86 ráfaga:** golpe de viento fuerte y de corta duración **87 desmoronarse:** caerse poco a poco los edificios **88 jadeo:** respiración dificultosa por efecto de un ejercicio fuerte **89 merendarse (a alguien):** derrotar a un competidor

Y me contestas desde el telefonillo de arriba, me recuerdas que es tarde, me riñes[90] por el escándalo, por los vecinos que ya empiezan a asomar la nariz en el rellano[91], tu voz es cálida por primera vez en mucho tiempo, quieres convencerme de que me marche, pero por fin abres la puerta. Y arriba está tu amigo, lleva puesto un pijama y te abraza desconfiado por la cintura, como si quisiera protegerte no se sabe de qué, nos miramos y no nos reconocemos, está como atónito; medio dormido, no da crédito a la escena que tiene ante sus ojos. Entonces dices:
—Carlos, Carlos.
Y comienzas a mirarme así.

FIN

"Las visitas", de Carlos Castán. Incluido en *Solo de lo perdido*.

---

90 reñir: regañar **91 rellano:** espacio de suelo en que termina cada tramo de escalera

GLOSARIO

ESPAÑOL	INGLÉS	FRANCÉS	ALEMÁN
1 colarse	to slip or push in	se glisser	sich einschleichen
2 farmacia de guardia	24-hour pharmacy	pharmacie de garde	24-Stunden-Apotheke
3 desconcertante	disconcerting	déconcertant	verwirrend
4 borrosamente	vaguely	d'une manière floue	unscharf
5 como quien dice	you might say	pour ainsi dire	man möchte meinen
6 minicadena	mini stereo system	minichaîne	Ministereoanlage
7 manzana	street block	pâté de maisons	Häuserblock
8 repleto	full	plein de	voll
9 pegarse	to endure, undergo	se lever (aux aurores)	hier: aufstehen
10 madrugón	early rising	lever matinal	mitten in der Nacht
11 dar las tantas	to become very late	jusque tard dans la nuit	sehr spät werden
12 sin tiento	immoderately	sans mesure	unkontrolliert
13 sin venir a cuento	for no reason at all	n'avoir rien à voir	vollkommen grundlos
14 arrancar	to tear out	éliminer	wegnehmen
15 impregnar	permeate	imprégner	imprägnieren
16 crucigrama	crossword	mots croisés	Kreuzworträtsel
17 mesa camilla	small round table	guéridon	kleiner runder Tisch
18 tabique	dividing wall	cloison	Trennwand

LAS VISITAS

ESPAÑOL	INGLÉS	FRANCÉS	ALEMÁN
19 hastiado	weary, tired	las	matt
20 cansino	tired	fatigué	müde
21 agazaparse	to crouch	se tapir, se pelotonner	sich zusammenkauern
22 terrado	rooftop	terrasse	Dach
23 ovillarse	to curl up	se pelotonner	sich zusammenrollen
24 investir	to invest	investir	verleihen, bekleiden
25 pompa	pomp, splendor	pompe (en grande)	Prunk
26 reserva	a select class of wine	réserve	ausgewählter Wein, Reserva
27 que en paz descanse	may he/she rest in peace	paix à son âme	er ruhe in Frieden
28 tasca	tavern, bar	bistrot	Kneipe
29 írsele (a alguien) el santo al cielo	to become distracted	perdre le fil de ses pensées	ein Blackout haben, völlig daneben sein
30 tonel	barrel	tonneau	Fass
31 boquerón	anchovy	anchois	Sardellen
32 rocío	dew	rosée	Tau
33 pontificar	to pontificate, preach	pontifier	predigen
34 acorralado	cornered	touché	umzingeln
35 trasto	piece of junk	vieux machin	Gerümpel
36 restaurar	to restore	restaurer	restaurieren
37 descorchar	uncork	déboucher	entkorken
38 viciado	stuffy	vicié	muffig
39 irrumpir	to burst in	faire irruption	eindringen
40 avidez	eagerness	avidité	Raffgier

RELATOS ESPAÑOLES CONTEMPORÁNEOS

ESPAÑOL	INGLÉS	FRANCÉS	ALEMÁN
41 brote	outbreak	jaillissement	Aufflammen
42 apresar	to catch	s'emparer	gefangen nehmen
43 ogro	ogre	ogre	Oger
44 telefonillo	entryphone	interphone	Gegensprechanlage
45 compensar	to compensate	compenser	kompensieren
46 escueto	brief, concise	bref	knapp
47 resignarse	to resign oneself	se résigner à	sich mit etwas abfinden
48 vitrina	glass-fronted cabinet	vitrine	Vitrine
49 reo	condemned person	accusé	Straffälliger
50 atropelladamente	tripping over one's words	avec précipitation	tollpatschig
51 como si tal cosa	idly, nonchalantly	comme si de rien n'était	lässig
52 atrocidad	horror, barbarity	atrocité	Grässlichkeit
53 dar crédito	to believe	croire	Glauben schenken
54 tocayo	namesake	homonyme	Namensvetter
55 palangana	bowl, basin	cuvette	Bassin
56 zarpa	paw	patte	Pranke
57 llevar a cabo	to carry out	mener à bien	durchführen
58 arrojar	to throw	jeter	schmettern, werfen
59 cobijarse	to take refuge	se protéger de	Zuflucht suchen
60 gesticular	to gesticulate	gesticuler	gestikulieren
61 emanar	to emanate	émaner	verströmen
62 a rastras	in tow	en traînant	aus Zwang

LAS VISITAS 71

ESPAÑOL	INGLÉS	FRANCÉS	ALEMÁN
63 ojos arrasados	brimming with tears	yeux remplis de détresse	voller Tränen
64 botadura	inauguration	fête de l'inauguration	Rauswurf
65 osadía	daring, audacity	audace	Vermessenheit
66 vorágine	whirlpool	tourbillon	Strudel
67 escudriñar	to scan, survey	scruter	auskundschaften
68 aporrear	to strike repeatedly	cogner	heftig läuten
69 enredarse	to become entangled	s'embrouiller	sich verfangen
70 a lomos de	riding on	à dos de	auf dem Rücken von
71 sobresaltar	to startle	sursauter	erschrecken
72 prórroga	extension, deferral	prorogation	Spielverlängerung
73 de una vez por todas	once and for all	une fois pour toutes	endgültig
74 cada dos por tres	frequently	à de multiples reprises	bei jeder Gelegenheit
75 alcantarilla	sewer	égout	Kanal
76 hollín	soot	suie	Ruß
77 adherir	to stick	adhérer	kleben
78 fachada	façade	façade	Fassade
79 freiduría de churros	shop selling typical churros	friterie de beignets	Laden in dem Churros angeboten wird
80 patatas bravas	potatoes with spicy sauce	pommes de terre pimentées	Kartoffeln mit scharfer Sauce
81 anodino	bland	anodin	nichtssagend
82 murciélago	bat	chauve-souris	Fledermaus
83 derrotado	defeated, despondent	vaincu	besiegt, geschlagen

ESPAÑOL	INGLÉS	FRANCÉS	ALEMÁN
84 desgarro	scrape, tear	déchirement	Schramme, Riss
85 cloaca	sewer	égout	Kloake
86 ráfaga	gust	rafale	Böe
87 desmoronar	to collapse	s'écrouler	zusammenbrechen
88 jadeo	panting	halètement	Hecheln
89 merendarse	to devour	dévorer	bezwingen
90 reñir	to scold	se fâcher	ermahnen
91 rellano	landing, hall	palier	Treppenabsatz

ACTIVIDADES

A. Sustituya la expresión en negrita por un sinónimo:
1. Algunas amarguras **se cuelan** en lo hondo y otras, por el contrario, emprenden vuelo sin saber ni adónde. *se meten / se asientan / anidan*
2. Las vistas desde cualquiera de las ventanas parecían corresponder a la mirada **hastiada** de un enfermo a media tarde. *dolorosa / cansada / triste*
3. Hay lugares en los que el silencio se **propaga**. *crece / limita / extiende*
4. Para investir el lugar con **al menos** una sombra de mi ser, lo primero que se me ocurrió fue invitar a Elena a una velada íntima. *casi / como mínimo / apenas*
5. En su último año de vida, **acorralado** por males sin remedio, la abuela le ponía cocacola en la mesa. *rodeado / perseguido / intimidado*
6. La atmósfera de la sala absorbió con **la avidez** de una esponja seca ese inesperado **brote** de vida. *la velocidad / el ansia / el aplomo – deseo / impulso / principio*
7. Andaba confusa y seriamente preocupada por él **de manera que** me resigné a sacar otro vaso de la vitrina. *así que / porque / aunque*
8. Se sentó enfrente de nosotros dos, como **un reo**, y se secó las lágrimas. *una víctima / un procesado / un delincuente*
9. Creo que llegué a captar algo del encanto que sin duda **emanaba**, ese perfume que sale solo de las flores rotas. *corría / absorbía / emitía*
10. Desde las ventanas **escudriñábamos** disimuladamente las aceras, como si fuéramos espías, antes de salir. *controlábamos / verificábamos / observábamos*

B. Indique el antónimo de las palabras del ejercicio anterior. Utilice uno de los siguientes términos: limitar, la moderación, la desaparición, libre un inocente, salir, reposada, retener, ignorar, aunque no, como máximo.

1: meterse / ....
2: cansada / ....
3: extender / ....
4: como mínimo / ....
5: rodeado / ....
6: el ansia / ....
7: el principio / ....
8: así que / ....
9: un procesado / ....
10: emitir / ....
11: observar / ....

C. Detecte el error que aparece en cada una de las siguientes frases:
1. El resto de mi familia no tuvo inconveniente en que tras la muerte de mi abuela me traslade a vivir a su casa.
2. Lo primero de todo era tratar arrancando del piso de la abuela el pegajoso rastro de la enfermedad.
3. Recuerdo esas tabernas de toneles enormes donde solían obsequiarme con un puño de aceitunas o un boquerón en vinagre.
4. En seguida descubrió las posibilidades de aquel piso sombrío, qué tabiques hubiera que tirar.
5. Era Carlos, el tipo al quien Elena acababa de dejar un par de meses atrás, justo antes de conocernos.
6. Lo que más me llamó la atención fue el modo en que Elena no le quitaba ni en un segundo los ojos de encima.
7. Por un lado se merece que le partiesen la cara ahí mismo.
8. Acabamos acostumbrándonos a hacer el amor ya que Carlos aporreaba los timbres.
9. Elena tenía que hablar para pedirme que le alquilaba a precio de amigo ese piso.

LAS VISITAS

D. Relacione las columnas para formar la expresión correcta, completándolas con las preposiciones necesarias:

1. Ver	a. crédito .... la escena
2. Dar	b. el santo .... el cielo
3. Llorar	c. .... batallas .... amor
4. Írsele	d. algo .... las claras
5. No quitar	e. .... una vez .... todas .... casa
6. Enredarse	f. las tantas hablando .... cosas
7. Alejarse	g. .... venir .... cuento
8. Salir	h. los ojos .... encima
9. No dar	i. .... lomos .... una nube negra

E. Elija la respuesta adecuada según el texto:

1. Carlos se trasladó a vivir al piso de su abuela
   a. porque el silencio que allí se respiraba le ayudaría a empezar una vida con Elena.
   b. ya que estaba vacío y el suyo de las afueras era antiguo y estaba alejado del centro.
   c. pese a las huellas de la enfermedad que flotaban en el ambiente.

2. Carlos invitó a Elena a una velada en su casa
   a. para que le aconsejara con la reforma del piso.
   b. porque quería inaugurarlo con ella de una forma íntima.
   c. para probar juntos el vino que tanto le recordaba a su abuelo.

3. El amigo de Elena
   a. producía en ella una extraña mezcla de compasión y excitación
   b. irrumpía siempre en casa del protagonista con una botella de vino y sin avisar previamente.
   c. era un artista fracasado e incomprendido que bebía para olvidar.

4. La relación entre Elena y Carlos
   a. se fue apagando con el paso del tiempo debido a las constantes visitas del otro Carlos.
   b. no era del todo la ideal ya que ella vivía aún con sus padres.
   c. cambió paulatinamente casi sin razón aparente.

5. El protagonista del cuento
   a. comenzó a comportarse como su tocayo para ganarse a Elena de nuevo.
   b. supuso que Elena había vuelto con su tocayo, aportándole la estabilidad que ella necesitaba en esos momentos.
   c. asumió su separación de Elena marchándose a vivir de nuevo a Tres Cantos.

F. Imagine una continuación de la historia empleando para ello el mayor número posible de las siguientes palabras en el orden que quiera:

derrotado, octubre, embriaguez, madrugada, andenes, ventaja, insustancial, emprender, invadir, promesa, sollozos, quietud, vestido, tacón, impresionante, urbanización, descentrarse, sofá cama, poesía, taburete, viajar, cocina, crecer, estimulante, insípido, piel, aroma, olvidar, espiar, confiado, tenue, desconcierto, débil

SOLUCIONES EN LA PÁGINA 125

RELATO 3

Una carencia íntima
Juan José Millás

EL AUTOR
JUAN JOSÉ MILLÁS (1946, Valencia)

Nació en Valencia en 1946, pero ha vivido en Madrid gran parte de su vida. Juan José Millás es una de las grandes firmas de la narrativa española actual. En 1975 publicó su primera novela *Cerbero son las sombras*. Entre sus éxitos, *La soledad era esto* (Premio Nadal, 1990), *El desorden de tu nombre*, *Letra muerta*, *El orden alfabético*, *No mires debajo de la cama*, *Dos mujeres en Praga* (Premio Primavera de Novela, 2002), *Laura y Julio* (2006) y *El mundo* (Premio Planeta 2007). Es columnista de *El País* y sus cuentos y novelas han sido traducidos a más de 20 idiomas.

En sus historias indaga en los recovecos más oscuros de la conciencia de los personajes que pasan de la rutina y la cotidianeidad de la vida a situaciones fantásticas con la mayor naturalidad. Preciso y crítico como periodista y fabulador deslumbrante en su profunda vocación literaria, Millás es uno de los imprescindibles contemporáneos, un autor que de la forma más simple nos muestra la complejidad del alma humana.

PRESENTACIÓN
UNA CARENCIA ÍNTIMA

Los cuentos, las novelas, los artículos que publica regularmente en el periódico Juan José Millás, y que han merecido el nombre de «articuentos», tienen el denominador común de sumergirnos en insólitas y extrañas dimensiones de eso que llamamos realidad. Esas dimensiones de misterio y sombra están ahí, basta con observar atentamente para percibirlas, basta con dar la vuelta a lo conocido, a lo que suponemos cierto, basta con que la imaginación fuerce un poco la lógica de los acontecimientos para que todo adquiera una nueva luz y pierda o gane sentido; en definitiva, para que lo fantástico asome y se introduzca en nuestras vidas tiñendo de irrealidad lo que nos rodea.

El protagonista de nuestro cuento es un hombre que ya de niño estuvo seguro de triunfar, de obtener cuanto se propusiera sin esfuerzo, y así ha sido. Poseía el atrevimiento y la habilidad para burlarse de los procedimientos con los que funcionan nuestras sociedades. Sin embargo, en el camino hacia el éxito vino a tropezarse con un armario. Fue en principio un espacio para la huida, pero en su interior llegó a descubrir y desarrollar una sensibilidad antes no explorada, lo que le permitió vivir una experiencia irrepetible. Desde entonces no ha vivido sino para recuperar aquello que tuvo y perdió. Poco importa si lo que este personaje recuerda y nos narra fue tan solo un viaje de su imaginación; en todo caso, ha marcado su vida para siempre.

Su triunfo social apenas ha podido compensar esa «carencia íntima» sentida desde entonces.

Y es que en ese ámbito, quizás imaginario, pero de indudable valor simbólico, tan distinto y paralelo a lo convencional, los deseos y las sensaciones alcanzaron plenitud y expresión sin necesidad de palabras ni de ninguna de las reglas habituales. El armario puede ser un espacio «irreal» pero es también espacio de evasión, de libertad y de intensidad desconocida. Por eso no es posible vivir fuera de él lo que se vive y se siente dentro, por eso la realidad material no puede darnos nunca una experiencia comparable. Una experiencia tal pertenece a otra dimensión; se inserta en la realidad, pero transcurre al margen de ella; conforma, sin embargo, nuestra identidad y se oculta en la capa más profunda de nuestra conciencia.

Lo fantástico en los cuentos de Millás no es casi nunca un punto de partida, sino algo que surge y encaja en la fluidez del relato con absoluta naturalidad, del mismo modo que se colocan los armarios en el lugar más adecuado de las casas. Se trata de usarlos sin reparar en ellos. Quizá, después de leer este relato no podamos evitar hacerlo, pues se habrán convertido en presencias inquietantes, pero también tentadoras: la gran aventura de nuestras vidas puede estar esperándonos dentro.

AUDIO 3
UNA CARENCIA ÍNTIMA

Locución: Javier Páez
Acento: Castellano
Duración: 17'27"

Una carencia íntima
Juan José Millás

Qué vida. Aquí al lado, dos chalés más allá de éste que ahora ocupo yo con mi familia, viví hace treinta años una historia de amor irrepetible. Yo era un joven algo particular, pues la seguridad absoluta de que me haría rico —como así ha sido— en el momento en que me pusiera a[1] ello me daba mucho más tiempo libre que al resto de mis compañeros o amigos, empeñados[2] en labrarse un porvenir[3] en general bastante agotador. De manera que entretenía mi ocio yendo de acá para allá y aprendiendo cosas —como jugar al billar o hacer cócteles— que ya de mayor me han resultado enormemente útiles.

El caso es que una de estas actividades con las que procuraba entretener mi ocio consistía en robar objetos en los grandes almacenes. Sujetacorbatas, gemelos[4], broches[5], cinturones, bolígrafos, calcetines, libros, discos y, ocasionalmente, un par de zapatos, gozaban de mis preferencias frente a otros objetos más valiosos, pero de complicado acceso. En realidad lo que menos me interesaba de estas incursiones era el botín[6], que repartía generosamente entre mis amigos; yo me quedaba con la emoción de vulnerar[7] la ley enfrentando mi limitado talento

---

1 ponerse a: empezar a **2 empeñado:** decidido a conseguir algo **3 labrarse un porvenir:** trabajarse un buen futuro **4 gemelos:** objeto metálico para cerrar el puño de la camisa **5 broche:** adorno con un alfiler en la parte de atrás (suele llevarse en abrigos y chaquetas) **6 botín:** beneficio que se obtiene de un robo **7 vulnerar (una ley):** no cumplir una ley

a un sistema poderoso por cuyo interior la gente circulaba de un lado a otro, llena de paquetes, como las locas hormigas por el interior de sus galerías.

Yo, sin embargo, circulaba por esos túneles, horadados[8] por escaleras mecánicas y huecos de ascensor, ajeno a aquella lógica de intercambio que parecía consumir a hombres, mujeres y niños. La mirada de locura que les veía utilizar al inclinarse sobre un artículo, para valorar su condición y su precio, me parecía fuera de lugar y me costaba[9] comprender que les gustasen las cosas que les gustaban; pero sobre todo, que pagaran por ellas el precio que pagaban. Argumentaba que si algo te atrae debes encontrar el camino menos arduo para conseguirlo.

Claro que yo soy un poco especial, pues la verdad es que siempre he obtenido lo que me apetecía sin invertir en ello grandes esfuerzos. Esa facilidad innata ha provocado siempre entre los otros y yo un distanciamiento poco apto para la creación de un clima de comprensión mutua. Recuerdo, por ejemplo, que siendo niño se pusieron de moda unas plumas estilográficas que tenían alguna característica especial. Pues bien, mis compañeros de clase ahorraron durante meses para llegar a comprarla; ignoro cómo no se les agotó el deseo en una espera tan larga. En cambio, yo me fui un sábado a unos grandes almacenes y la robé.

8 horadar: agujerear algo atravesándolo **9 costar:** causar trabajo o dificultad

Se podría pensar que con esta actitud mía se corren grandes riesgos. Pero no es cierto; en mi caso, al menos, puedo afirmar que siempre he actuado con la seguridad de que no me podía ocurrir nada y esa certidumbre se ha cumplido sin grandes quebrantos[10] a lo largo de toda mi vida.

Sin embargo, cierto día de mi ya lejana juventud estaba robando un sujetacorbatas en el piso segundo de unos grandes almacenes, cuando sentí sobre mi nuca[11] una molestia, o un aviso, que me obligó a volverme. A unos metros de mí había una figura cuyo grado de mimetización con el medio era tal que me había pasado inadvertida[12]. Se trataba de un hombre de traje gris y estatura mediana, que había observado todos mis movimientos a través de los cristales de unas gruesas gafas de concha[13]. Comprendí en seguida que se trataba de un vigilante y comencé a huir con discreción, aunque con rapidez.

Pronto advertí[14] que el sujeto de las gafas de concha me perseguía hábilmente para no llamar la atención del numeroso público. Conseguí despistarlo[15] en una sección de cuartos de baño y grifería en general, pero en seguida volvió a aparecer detrás de una cortina de plástico. Con la seguridad de que no me podría atrapar, corrí por un pasillo formado por dos muros de alfombras y desemboqué[16] en la sección de muebles. Allí vi un complicado armario de tres cuerpos y me metí en él con la naturalidad con la que otros entran en su casa.

10 quebranto: ruptura **11 nuca:** parte del cuello que une la espalda con la cabeza **12 pasar inadvertido:** pasar sin llamar la atención **13 gafas de concha:** gafas cuya armadura está hecha con caparazón de tortuga **14 advertir:** darse cuenta de algo **15 despistar (a alguien):** hacer que pierda la pista de lo que buscaba **16 desembocar:** salir de un lugar estrecho a un espacio más ancho

El armario era un vientre enorme y complejo, como si la oscuridad total que almacenaba estuviese constituida por la suma de diversas oscuridades de menor entidad que atravesaban en forma de túneles el interior del mueble. Por esos túneles llegaban, distorsionados[17], los ruidos del exterior que rebotaban contra las paredes de madera antes de derrumbarse sobre el oscuro suelo y callar para siempre. Por lo demás, se estaba bastante bien y como muy protegido de la locura exterior a la que ya he hecho referencia.

Al poco de estar disfrutando de esta soledad de armario, y cuando ya empezaba a tomar nota de algunos efectos de orden óptico y acústico producidos por las características del recipiente, sentí que aquel vientre se movía y escuché una conversación de la que deduje que el mueble estaba siendo trasladado.

Efectivamente, los gritos de los operarios, algunos bruscos vaivenes[18], que casi me hicieron perder el equilibrio, y un movimiento nervioso que pareció dotar[19] al armario de una respiración ansiosa, me indicaron que nos encontrábamos sobre la caja de un camión rumbo hacia[20] algún lugar desconocido. Por el rumor de voces, ensordecido por el motor del vehículo, supe que al otro lado del tabique[21] viajaban al menos dos de los operarios que estaban participando en el traslado.

---

17 distorsionado: deformado **18 vaivén:** movimiento periódico de ida y vuelta **19 dotar:** conceder una cualidad a alguien o a algo **20 rumbo hacia:** (con, en) dirección a **21 tabique:** pared delgada que separa las habitaciones de una casa

Después de un tiempo, cuya duración no pude calcular por la situación de aislamiento en que me hallaba, el vehículo se detuvo y el armario volvió a convulsionarse entre los gritos de los operarios que lo manipulaban. A todas estas voces masculinas se unió en seguida la voz de una mujer, que empezó a dirigir a los obreros, indicándoles que llevaran cuidado con las paredes y los marcos de las puertas. Finalmente, después de algunos golpes más, el armario se quedó quieto en algún lugar y la conversación se alejó en la dirección en la que, al parecer, habíamos venido.

Pensé que era el momento ideal para escapar y entreabrí cuidadosamente una de las puertas. A través de la breve rendija[22], vi un dormitorio de cama ancha, amueblado con sobriedad, pero con gusto. Entonces, un raro impulso, originado por una fantasía sexual que no se tradujo de inmediato en imágenes, sino en una suerte de apremio[23] difusamente distribuido por mi cuerpo, me obligó a cerrar de nuevo la puerta y a permanecer en el interior, como una víscera[24] de aquel enorme y oscuro cuerpo.

La breve visión de la luz, sin embargo, me ayudó a recuperar momentáneamente la noción del tiempo. Por eso sé que no pasaron más de diez minutos hasta que mi aislamiento se vio nuevamente interrumpido por el ritmo de unos pasos —los de la mujer, pensé— que se acercaron hasta el armario. Me

---

22 rendija: abertura larga y estrecha **23 una suerte de apremio:** una especie de urgencia
24 víscera: órgano interno como el corazón, etc.

retiré hacia uno de los costados[25], el izquierdo, ocultándome parcialmente en un recoveco[26] creado por la complicada arquitectura exterior del mueble. En seguida, se abrió la puerta central, por cuyo hueco apareció fugazmente[27] una melena[28], tras la que quise advertir la presencia de un perfil hermoso. La mujer se retiró hacia el interior de la habitación y regresó en seguida. Entonces vi asomar[29] por la puerta una mano breve y delgada, sin adornos, de la que pendían un traje y una percha que fueron colocados sobre la barra que atravesaba longitudinalmente el interior sombrío del armario.

Cuando el cuerpo central estuvo lleno, se cerró esa puerta y se abrió en seguida la del lateral izquierdo. Me aplasté[30] contra el recoveco de la esquina y esperé la llegada de la mano, que pasó a menos de un palmo[31] de mi rostro, portando esta vez un vestido largo y sedoso contra el que mi aliento[32] rebotaba y me era devuelto cargado de un olor —entre artificial y humano— que acentuó[33] la sensación de apremio sexual a que ya he hecho referencia.

El mueble quedó lleno en pocos minutos y yo volví a caer blandamente en la oscuridad, multiplicada ahora por las sucesivas[34] barreras de trajes que segmentaban[35] la tiniebla, pero que la hacía aún más acogedora y más rica desde el punto de vista de las sensaciones olfativas. Me senté entonces

---

25 costado: lado **26 recoveco:** rincón **27 fugazmente:** brevemente **28 melena:** pelo largo **29 asomar:** mostrar algo por detrás de alguna parte **30 aplastar:** presionar y hacer más delgada una cosa **31 palmo:** distancia desde el dedo pulgar hasta el meñique **32 aliento:** aire que se expulsa al respirar **33 acentuar:** resaltar **34 sucesivo:** se dice de una cosa que va seguida de otra **35 segmentar:** dividir en trozos

en mi rincón, acariciando el vuelo del vestido[36] más cercano, y comencé a reconstruir el volumen de la mujer partiendo de los dos datos conocidos: la mano y la melena. Mi deseo acabó configurando[37] un cuerpo menudo[38] y ágil, de caderas anchas y busto reducido, coronado[39] por una hermosa cabeza, en la que había unos ojos oscuros y unos labios ligeramente abultados[40] en la parte central. Cuando acabé de dibujarlo hasta en sus más pequeños detalles, estuve a punto de llorar de nostalgia; tal era el amor que empezaba a sentir por la desconocida.

Entre tanto, el tiempo transcurrió[41] sin que yo fuera capaz de tomar ninguna determinación respecto a mi futuro inmediato. Finalmente, a una hora que podríamos situar entre las 19:00 y las 22:00 (yo me había metido en el armario a eso de las 17:00) regresaron los pasos y las voces. Se trataba de nuevo de la mujer, acompañada ahora del marido, que parecía llegar de trabajar en ese momento.

Escuché algunos comentarios sobre la funcionalidad y la belleza del mueble. El marido, en general, parecía bastante indiferente y contestaba con monosílabos a los juicios[42] de la desconocida.

Al fin se fueron —a cenar, supongo— y regresaron a la habitación dos o tres horas después de esta breve visita. Escuché los ruidos que hicieron para desnudarse e introducirse en la cama, así como los vanos[43] intentos de la mujer para

---

36 vuelo del vestido: parte inferior del vestido **37 configurar:** dar forma a algo
38 menudo: pequeño **39 coronar:** perfeccionar, completar una obra **40 abultado:** grueso
41 transcurrir: pasar el tiempo **42 juicio:** opinión **43 vano:** inútil

iniciar una conversación que no llegó a cuajar[44]. El marido parecía poco sensible a las preocupaciones de su esposa y en seguida conectó la radio sin que se produjera ningún otro suceso interesante. Yo me acomodé[45] en mi rincón y no me costó mucho conciliar el sueño. Me despertó, a una hora indeterminada, el zumbido[46] de un despertador. La pareja, al otro lado del armario, se puso en seguida en movimiento y yo adopté la postura del día anterior ocultándome parcialmente en el recoveco del armario, que fue abierto un par de veces en el plazo de diez minutos.

Finalmente, se oyó el ruido lejano de una puerta y todo quedó en silencio. Supuse que la pareja se había ido a trabajar y salí del armario sin adoptar mayores precauciones. Eran las ocho y media de la mañana y la casa estaba vacía. La recorrí perezosamente, deteniéndome en aquellos detalles que pudieran darme alguna información sobre sus inquilinos[47] sin encontrar nada realmente interesante. Se trataba de un matrimonio vulgar y —a juzgar por el paisaje que se veía desde las ventanas— vivían modestamente en una casita baja del extrarradio[48] de la ciudad (extrarradio que se ha convertido hoy en una carísima zona residencial, en la que tengo importantes intereses económicos).

Sin embargo, la mujer era bellísima, tal como pude comprobar por la contemplación de una foto que encontré en el salón;

---

44 cuajar: (aquí) lograrse **45 acomodarse:** colocarse en un lugar cómodo **46 zumbido:** ruido parecido al que hacen los insectos al volar **47 inquilino:** persona que vive en una casa **48 extrarradio:** fuera o alrededor del centro urbano

su belleza sobrepasaba en mucho a mis fantasías. Sentí un amor enorme por aquella figura y un desprecio notable por el marido, insensible y frío como un mueble macizo[49].

El hambre me condujo en seguida a la cocina. La nevera estaba bien provista de embutidos[50] y quesos. De manera que me preparé un café y comí con ganas, pensando sobre todo en que tampoco esa noche podría cenar si me quedaba a vivir en el armario. Cuando me sentí satisfecho, recogí las cosas que había ensuciado y, de paso, fregué algunos cacharros que había en la pila[51], procedentes de la cena del día anterior y del desayuno. Después, tras dormitar un poco sobre un sofá bastante cómodo que había en el salón, comencé a leer una novela de espías que me enganchó con facilidad.

A eso de las cuatro escuché el ruido característico de una llave al deslizarse[52] sobre su embocadura[53] y regresé al armario.

Los días siguientes transcurrieron de un modo algo rutinario. La pareja tenía unos horarios bastante rígidos, a los que yo me acoplé[54] sin dificultades. Normalmente la mujer permanecía sola en casa por las tardes, dedicándose a las tareas del hogar o hablando con su madre desde un teléfono situado en la mesilla de noche. El marido llegaba poco antes de cenar y los dos se acostaban temprano sin hacer otra cosa que escuchar la radio, tras haber cambiado dos o tres frases, referidas por lo común a los aspectos prácticos de la existencia.

---

49 macizo: sólido **50 embutidos:** tripas rellenas de carne **51 pila:** fregadero
52 deslizarse: arrastrarse suavemente por una superficie **53 embocadura:** orificio o espacio de entrada **54 acoplarse:** ajustarse

No me costó trabajo habituarme a este ritmo de vida. Por las mañanas, además de comer, dormitar, leer y atender a mi aseo personal, fregaba los cacharros del día anterior, pasaba la aspiradora y —cada tres días— quitaba el polvo de los lugares más visibles. La mujer se dio cuenta en seguida de que algo estaba ocurriendo en su casa, y una noche, en la cama, le dijo a su marido:

—Tengo la impresión de que una presencia bienhechora[55] nos protege.

—Cosas tuyas —dijo el marido con su indiferencia habitual.

—A veces —insistió ella—, pienso si se tratará de un hermano mío que murió al poco de nacer yo.

—Te estás volviendo loca —replicó[56] él.

Otro día escuché que también le contaba esto a su madre, aunque por teléfono. La respuesta, sin embargo, debió de ser parecida a la del marido, pues la mujer cambió de tema inmediatamente, como si hubiera cometido una imprudencia. El caso es que se guardó el secreto, pero comenzó a prepararme unas comidas maravillosas que dejaba bien a la vista, en la cocina. Yo procuraba comérmelo todo y, si alguna vez estaba inapetente[57], tiraba los restos por el váter para que no pensara que no apreciaba yo sus desvelos[58] como ella parecía apreciar los míos.

---

55 bienhechor: que hace el bien **56 replicar:** contestar **57 inapetente:** que no tiene hambre **58 desvelos:** cuidados

Cierto día, cuando este intercambio de bienes y servicios había llegado a alcanzar un punto difícil de superar por los dos lados, el marido se marchó de viaje por razones de trabajo.

Esa noche, mi deseo y mi amor —o la conjunción[59] de ambos, cuyo nombre ignoro— no me dejaban dormir. De manera que había pasado ya un buen rato desde que ella se acostara, cuando abrí con sigilo el armario y penetré en la habitación con la delicadeza de un cadáver. Suavemente también, me deslicé entre las sábanas y comencé a acariciar su cuerpo con la nostalgia, la tristeza y la dicha[60] con la que un anciano acariciaría al niño que fue. La mujer, lejos de oponer resistencia alguna, se dejaba hacer con una pasividad feroz[61], repleta de gemidos[62] que parecían salir de todas las aberturas de su cuerpo. Era húmeda como las paredes de una cueva y suave y deformable y tibia[63] como un ramo de plumas. Exploré ansioso cada uno de los pliegues[64] de su cuerpo, y cuando ya estaba suficientemente invadido por su olor, por su tacto, por su ternura, por sus jugos, la arrastré hasta el interior del armario, cerré la puerta, y nos hundimos juntos en un abismo incomprensible, lleno de nada, excepto de su grito y el mío, amplificados ambos por las virtudes del armario y por el aleteo[65] —siniestro y salvador— de los ropajes que contenía el mueble.

De nuestras bocas oscuras no salió una palabra, nuestros ojos no alcanzaron a tocar lo que veían nuestras manos, pero

---

59 conjunción: unión **60 dicha:** felicidad **61 feroz:** brutal **62 gemido:** sonido lastimero con el que se expresa la pena y el dolor **63 tibio:** templado **64 pliegue:** doblez
65 aleteo: movimiento producido por pájaros y peces al mover las alas o las aletas

nuestros cuerpos formaron arquitecturas imposibles, sueños, acoplamientos⁶⁶ en los que su necesidad y la mía quedaron ensambladas para siempre. Cuando el deseo se debilitó, apareció el cariño, como surge el perfume de un pétalo⁶⁷ quebrado. Entonces abrí la puerta de aquella catedral de madera, cogí en mis brazos a la mujer y la deposité⁶⁸ en la cama. Puse a su lado los restos del breve camisón con el que se había acostado y regresé a mi lugar. Al día siguiente no oí el despertador. Me levanté feliz a media mañana y empleé el tiempo en limpiar a fondo los azulejos⁶⁹ del baño, que estaban algo descuidados. Por la noche salí de nuevo del armario y repetí la experiencia con resultados semejantes.

En fin, soy un hombre de negocios, un padre de familia, un hombre afortunado, al menos desde los parámetros que normalmente se utilizan para medir la dicha de los otros. Pero no soy un filósofo, ni un escritor ni un poeta. No podría expresar, por tanto, con la precisión deseable el significado cabal⁷⁰ de aquellas noches ni el modo en que tales sucesos llegaron a inscribirse⁷¹ en mi conciencia. Sí sé que en torno a ellos se han articulado⁷² todos los demás hechos de mi vida afectiva y que no ha habido un solo día desde entonces en el que no pensara en aquella mujer, cuya casa abandoné al regreso del marido insensible.

---

66 acoplamiento: efecto que resulta de ajustar una pieza en otra **67 pétalo:** hoja de colores que forma parte de una flor **68 depositar:** poner, dejar **69 azulejo:** ladrillo vidriado de colores **70 cabal:** exacto, completo **71 inscribirse:** grabarse **72 articularse:** colocarse

En cualquier caso, la aventura transformó mi carácter, dotándolo de unos matices nostálgicos propios de aquellos seres que sufren una amputación íntima, una carencia, una separación que solo la muerte es capaz de aliviar[73], siquiera parcialmente. Entre tanto[74] he ganado el dinero preciso para comprar estos terrenos donde estaba su casa y donde pienso erigir una enorme escultura, tallada[75] en piedra, que reproduzca lo más exactamente posible aquel armario. Tal vez ella, si vive, reconozca el mensaje y comience, como yo, a anhelar[76] la muerte.

FIN

"Una carencia íntima", de Juan José Millás. Incluido en *Primavera de luto*.

---

73 aliviar: disminuir el dolor **74 entre tanto:** mientras **75 tallar:** dar forma a la piedra, madera, etc. **76 anhelar:** desear algo fuertemente

GLOSARIO

ESPAÑOL	INGLÉS	FRANCÉS	ALEMÁN
1 ponerse a	to undertake	se mettre à	sich etwas widmen
2 empeñado	determined	obstiné	versessen
3 labrarse un porvenir	to work for a decent future	se préparer	auf eine gute Zukunft hinarbeiten
4 gemelos	cufflink	boutons de manchette	Manschettenknopf
5 broche	brooch, pin	broche	Brosche
6 botín	plunder, booty	butin, prix	Beute
7 vulnerar	to violate, defy	violer la loi	verletzen
8 horadar	pierce or perforate	perforer	durchlöchern
9 costar	to cause effort	avoir du mal à	Anstrengung kosten
10 quebranto	interruption	perte, mal	Schaden, Verlust
11 nuca	back of the neck	nuque	Nacken
12 pasar inadvertido	to go unnoticed	passer inaperçu	unbemerkt bleiben
13 gafas de concha	tortoiseshell glasses	lunettes à monture d'écaille	Hornbrille
14 advertir	to notice	remarquer	wahrnehmen
15 despistar	to distract	dérouter	irreführen
16 desembocar	to culminate in	déboucher	enden, münden
17 distorcionado	distorted	distortionné	verzerrt
18 vaivenes	rocking, swaying	des va-et-vient	das Hin und Her
19 dotar	to lend, endow with	doter, pourvoir	ausstatten
20 rumbo hacia	en route toward	en direction de	mit Kurs auf

UNA CARENCIA ÍNTIMA

ESPAÑOL	INGLÉS	FRANCÉS	ALEMÁN
21 tabique	dividing wall, partition	paroi	Wand
22 rendija	crack, crevice	fente	Spalt
23 una suerte de apremio	a kind of pressure or urgency	besoin en grande urgence	Zwangsbeglückung
24 víscera	internal organ	viscère	Eingeweide
25 costado	side	côté	Seite
26 recoveco	corner, nook, cranny	recoin	Krümmung
27 fugazmente	fleetingly, briefly	très brièvement	flüchtig
28 melena	long flowing hair	longue chevelure	Mähne
29 asomar	to appear behind, lean out of	regarder par	zum Vorschein kommen
30 aplastarse	to flatten onself	s'aplatir	sich zusammendrücken
31 palmo	length of the outstretched hand	empan	Handbreit
32 aliento	breath	haleine, souffle	Atem
33 acentuar	to heighten	accentuer	verschärfen
34 sucesivo	consecutive	successif	aufeinander folgend
35 segmentar	to divide	segmenter	segmentieren, teilen
36 vuelo del vestido	loose bottom part of a dress, flounce	ampleur de la robe	weit fallender Rocksaum des Kleides
37 configurar	to shape, form	donner forme à	bilden
38 menudo	small	menu	klein
39 coronado	topped or crowned by	couronné	gekrönt
40 abultado	thick, bulky	volumineux	Schmoll-, massig
41 transcurrir	to take place, pass	se passer	vergehen

ESPAÑOL	INGLÉS	FRANCÉS	ALEMÁN
42 juicio	opinion	avis	Urteil
43 vano	futile, useless	vain	vergeblich
44 cuajar	to take final form, come together	aboutir	ins Fließen kommen
45 acomodarse	to make oneself comfortable	se mettre à l'aise	es sich bequem machen
46 zumbido	buzzing, humming	sonnerie	Brummen
47 inquilino	tenant	locataire	Bewohner
48 extrarradio	outskirts, suburbs	banlieue	Außenbezirk
49 macizo	solid, dense	massif	Massiv-
50 embutidos	cold cuts	charcuterie	Wurstaufschnitt
51 pila	kitchen sink	évier	Stapel
52 deslizarse	to slip, slide	s'introduire	hineingleiten
53 embocadura	entry, orifice	serrure	Öffnung
54 acoplarse	to adapt to	s'ajuster	anpassen
55 bienhechor	beneficient	bienfaiteur	wohltätig
56 replicar	to reply	riposter, répliquer	antwort
57 inapetente	unappetizing	qui manque d'appétit	appetitlos
58 desvelos	efforts	peine	Fürsorge
59 conjunción	combination	conjunction	Verbindung
60 dicha	good fortune	bonheur	Glück
61 feroz	fierce	féroce, atroce	wild
62 gemidos	moans	gémissements	Stöhnen, Wimmern
63 tibia	mild, lukewarm	tiède	lauwarm, mild

ESPAÑOL	INGLÉS	FRANCÉS	ALEMÁN
64 pliegue	fold	pli	Falte
65 aleteo	wing beats	battement d'ailes, flottaison	Flügelschlag
66 acoplamiento	coupling, joining	accouplement	Vereinigung
67 pétalo	petal	pétale	Blütenblatt
68 depositar	to place, deposit	déposer	lagern, hinlegen
69 azulejo	tile	carreau de faïence	Fliese
70 cabal	complete, exact	juste	vollkommen
71 inscribirse	to become registered or inscribed	s'inscrire	sich einschreiben
72 articularse	to organize, formulate	s'articuler	sich organisieren
73 aliviar	to relieve	soulager	lindern
74 entre tanto	meanwhile	entre-temps	inzwischen
75 tallar	to carve	tailler	bildhauern
76 anhelar	to yearn or long for	désirer	ersehnen

ACTIVIDADES

A. Complete las frases con la preposición adecuada: en, con, a, tras, por, sin, de:
1. El resto de mis compañeros estaba empeñado .... labrarse un porvenir.
2. Yo me quedaba .... la emoción .... vulnerar la ley enfrentando mi limitado talento .... un sistema poderoso.
3. Yo circulaba .... esos túneles, horadados .... escaleras mecánicas y huecos .... ascensor.
4. Claro que yo soy un poco especial, pues la verdad es que siempre he obtenido lo que me apetecía .... invertir .... ello grandes esfuerzos.
5. En seguida, se abrió la puerta central .... cuyo hueco apareció fugazmente una melena, ... la que quise advertir la presencia .... un perfil hermoso.
6. El marido parecía un poco insensible .... las preocupaciones .... su esposa.

B. Indique si las siguientes afirmaciones son verdaderas (v) o falsas (f):
1. El protagonista solía regalar los objetos que robaba a sus amigos. **V / F**
2. El vigilante de seguridad perdió definitivamente la pista del ladrón en la sección de cuartos de baño y grifería. **V / F**
3. La mujer estaba segura de que lo que ocurría en la casa era obra de un hermano suyo que había fallecido recientemente. **V / F**
4. Los protagonistas no tuvieron nunca una conversación. **V / F**
5. La aventura del armario determinó la vida afectiva del protagonista. **V / F**

C. Sustituya la palabra o la expresión en negrita por un sinónimo:
1. Yo era un joven algo **particular**. *privado / peculiar / inquietante*
2. El caso es que una de las actividades con las que **procuraba** entretener mi ocio consistía en robar objetos.
pretendía / podía / intentaba
3. En realidad lo que menos me interesaba de esas **incursiones** era el **botín**. *expediciones / salidas / introducciones – la ganancia / el tesoro / lo robado*
4. La mirada de locura que les veía utilizar al inclinarse sobre un artículo me parecía **fuera de lugar**.
desplazada / descontrolada / exagerada
5. Efectivamente los gritos de los operarios, algunos bruscos **vaivenes**, que casi me hicieron perder el equilibrio.
golpes / movimientos / empujones
6. A través de la rendija, vi un dormitorio **sobrio**, pero con gusto.
sencillo / abstemio / clásico

D. Complete los elementos que faltan y relacione las tres columnas:

1. Acción de destinar los bienes de capital a obtener algún beneficio.	empeñarse	
2. Cada uno de los botes que después del primero da el cuerpo que se mueve.		el entretenimiento
3. Importancia de una cosa, acción, palabra o frase.	invertir	
4. Cantidad de bienes o dinero que la mujer aporta al matrimonio o que entrega al ingresar en un convento o institución religiosa.	distanciar	
5. Deseo intenso de hacer algo.		el rebote
6. Espacio o periodo de tiempo que media entre dos cosas o sucesos.		el valor
7. Algo que sirve para divertirse.	dotar	

E. Elija el tiempo adecuado:

1. Por aquel entonces una de las actividades con las que *procuré / procuraba* entretener mi ocio *consistía / consistió* en robar objetos.
2. La verdad es que durante toda mi vida siempre *obtuve / he obtenido* lo que me *apetecía / apeteció*.
3. Con la seguridad de que no me *podría / pudo* atrapar, *corría / corrí* por un pasillo y *desemboqué / desembocaba* en la sección de muebles.
4. Entre tanto, el tiempo transcurrió sin que yo *fuera / sea* capaz de tomar una determinación respecto a mi futuro.
5. Por las mañanas, además de comer, dormitar, leer y atender mi aseo personal, *fregué / fregaba* los cacharros, *pasaba / pasé* la aspiradora y *quité / quitaba* el polvo.

F. Haga una breve descripción física y psíquica del narrador basada en su propia imaginación y en los datos que da el cuento.

G. Imagine que él esculpe finalmente la escultura. Escriba un posible final de la historia empleando para ello el mayor número posible de las siguientes palabras, no necesariamente en el mismo orden:

> ayuntamiento, dinero, amor, pasión, subvención, terreno, permisos legales, dificultades, superar, anciana, pelo, tiempo, reunión, soborno, anhelo, deseo, coacción, influencias, poder, ciego, ramo, invitación, impetuoso, creencia, mirada, pasión, anónimo, amenaza, teléfono, cita, recuerdos, sueño, pesadilla, creatividad, vago

SOLUCIONES EN LA PÁGINA 126

RELATO 4

La casa feliz
José María Merino

EL AUTOR
JOSÉ MARÍA MERINO (1941, La Coruña)

Poeta, ensayista y narrador, José María Merino, nacido en La Coruña en 1941 y leonés de adopción, forma parte de la Real Academia Española de la lengua desde 2008. En 1972 publica su primer libro, el poemario *Sitio de Tarifa*; su primera novela data de 1976, *Novela de Andrés Choz*. Merino ha cultivado principalmente la prosa, libros y artículos de viajes, ensayos literarios, crítica, novelas, novelas juveniles y, especialmente, cuentos.

La obra de este escritor, en búsqueda de la identidad a través de la imaginación, está llena de símbolos. Su estilo se aproxima a las obras fantásticas de Franz Kafka, Edgar Allan Poe o Miguel de Unamuno. Un autor que se adentra en el mundo de la ciencia-ficción, de mundos irreales que nacen de su mano pero en los que, inevitablemente, nos vemos reconocidos, pues los ancla a la realidad a través de situaciones que no son, en ningún caso, desconocidas.

PRESENTACIÓN
LA CASA FELIZ

El cuento de José María Merino, como el de Carlos Castán e incluso el de Juan José Millás, le da gran protagonismo a las cosas y a la relación que las personas establecen con ellas, muy en particular a esos pequeños mundos que son nuestras casas y que llegan a convertirse en una proyección de nosotros mismos. A veces, basta con mirarlas para obtener un retrato casi perfecto de quien las habita. Eso es lo que sucede en este relato, que nos advierte, desde el mismo título, de su naturaleza viva y humanizada. Esta personificación inicial nos introduce en la dimensión fantástica del cuento, pero esta dimensión se plantea una vez más como un procedimiento para profundizar en la realidad y en la complejidad de la existencia humana. Es el único cuento de los aquí incluidos narrado, en tercera persona, por un narrador ajeno a la historia. Ese narrador insiste en la idea de que la realidad puede sorprendernos más que cualquier ficción porque la realidad no ha de ser verosímil ni creíble. Sobre ese supuesto se nos da la crónica de un extraño e inexplicable caso.

No es raro imaginar que las cosas tienen vida propia. ¿Dónde van cuando se nos pierden?, o ¿sería mejor decir cuando nos abandonan? ¿Nos buscan ellas también? ¿Son ellas las que nos encuentran cuando por fin aparecen? Algo de todo esto debería plantearse el doctor

Zapater, un médico psiquiatra especializado en curar o en aliviar la infelicidad de la gente y, en el fondo, tan infeliz como sus pacientes. El doctor descubre que la cercanía de una casa afecta positivamente al estado de ánimo de los que están cerca y trata de apropiarse de ella; sin embargo, «la casa feliz», tiene autonomía, incluso alma, podríamos decir, y se mantiene fiel a quienes la construyeron y la llenaron de su alegría de vivir. De esta manera está reconociendo su incapacidad para forjarse su propia felicidad. En consecuencia, su batalla por obtenerla está perdida de antemano. No se pueden tomar prestados los sueños ni la felicidad ajena.

En fin, sería estupendo saber si nuestras casas —esos testigos mudos de cuanto nos sucede en la soledad— son felices con lo que ven, si están satisfechas con los estados de ánimo que reciben a diario, si pueden absorber nuestras frustraciones, si se aburren mucho con nuestras rutinas, si están hartas de nuestras manías. Tal vez deberían ser ellas las que fueran al psiquiatra. En realidad, solo ellas podrían decir, a veces, lo que nos pasa.

AUDIO 4
LA CASA FELIZ

Locución: Javier Páez
Acento: Castellano
Duración: 10'33"

La casa feliz
José María Merino

El doctor Zapater, que tenía como profesión la salud mental de la gente, se declaraba a menudo especialista en infortunio[1]. Intentaba devolver a sus pacientes la felicidad, o al menos la serenidad, y aunque no era sencillo, había conseguido al menos identificar con bastante exactitud los grados de la desventura[2]. La materia de su trabajo hacía que tampoco él se sintiese nunca del todo feliz. Sin embargo, aquella mañana, al levantarse, estaba lleno de euforia, pletórico[3] de sensaciones gratificadoras[4], cuya causa no podía adivinar.

El doctor Zapater vivía en una pequeña colonia de casitas adosadas[5] y chalets dispersos, en las afueras de la ciudad. Al salir aquel día camino de la clínica, advirtió[6] que en el solar[7] contiguo, vacío, que el paso de los años había convertido en un refugio de matorrales[8] enmarañados[9], se alzaba una casa flamante[10], rodeada por un jardín muy cuidado.

La disposición jovial y optimista con que el doctor Zapater se había despertado no pudo anular la sorpresa ante aquella presencia que parecía infringir las leyes[11] del tiempo y del espacio, porque en una sola noche era imposible que el solar cubierto de malas hierbas se hubiese convertido en aquel

---

1 infortunio: mala suerte **2 desventura:** desgracia **3 pletórico:** lleno **4 gratificador:** algo que da gusto **5 adosado:** chalé unido a otro **6 advertir:** darse cuenta **7 solar:** terreno para edificar **8 matorral:** conjunto de arbustos (plantas bajas) **9 enmarañado:** enredado **10 flamante:** nuevo, resplandeciente **11 infringir la ley:** desobedecer una ley

césped flanqueado[12] de arriates[13] floridos y, sobre todo, que se pudiese haber levantado aquel edificio, una casa de ladrillo con galerías a ambos lados de la puerta principal, tres ventanas adornadas de flores en el primer piso y un empinadísimo[14] tejado a dos aguas[15], sujeto con vigas[16] de madera, en el que sobresalía la chimenea sobre la estructura de los ventanales inclinados de la buhardilla[17].

Aquello era inverosímil[18], y aunque el doctor Zapater sabía de sobra que la realidad no necesita ser verosímil, que la realidad se produce, sin más, aunque parezca increíble, llamó a su mujer, que en aquel momento estaba en la cocina con los niños, y le mostró la absurda aparición. Su mujer, que también se había levantado aquel día llena de buen ánimo, contempló la casa y el jardín con admiración, pero en vez de escandalizarse[19] por lo irrazonable de su presencia exclamó que era muy bonita.

—Pero ¿no te parece muy extraño? —preguntó el doctor, asombrado de la reacción de su mujer.

—Será prefabricada, y la habrán instalado esta noche. Ahora las cosas se hacen así. Además sin meter ruido, sin despertarnos siquiera.

—¿Y el jardín? —preguntó el doctor Zapater, rompiendo a reír.

—También prefabricado. En estos tiempos, a mí ya no me sorprende nada de nada de lo que hagan para vender cualquier cosa.

---

12 flanqueado: rodeado **13 arriate:** línea de flores en los bordes del césped o de los caminos **14 empinado:** muy inclinado **15 tejado a dos aguas:** tejado con dos lados **16 viga:** madera larga y gruesa para sujetar los techos **17 buhardilla:** habitación más alta de una casa con tejado **18 inverosímil:** que no parece verdadero **19 escandalizarse:** asombrarse eliminando un pensamiento ingenuo

Conforme[20] se alejaba de la urbanización en su coche, el doctor Zapater sentía que su euforia se iba disipando[21], y cuando llegó a la clínica había recuperado el habitual escepticismo y el leve cansancio físico y moral de costumbre. Pero al regresar a su casa, volvió a sentirse lleno de estímulos optimistas.

No tardaría muchos días el doctor Zapater en sospechar que la sensación benéfica que experimentaba cada día en su hogar, y que sin duda compartía con su mujer, sus hijos y sus vecinos, estaba originada por la presencia de aquella casa brotada[22] de repente en el solar vacío. La casa, que no estaba habitada por nadie, irradiaba[23] felicidad como una hoguera calor, comprobó el doctor Zapater, que, como el resto de los habitantes de la colonia, había asumido aquella imposible irrupción del edificio como uno de los hechos consumados[24] de la siempre indómita[25] realidad.

Tampoco al municipio le escandalizó la aparición de un inmueble[26]. Y, más que eso, el buen humor que su cercanía suscitaba[27] hizo más diligentes[28] a sus representantes a la hora de descubrir que aquel solar carecía de las imprescindibles estructuras de servicios, y la casa de la licencia de obras y de cuantos requisitos son precisos en una ciudad para construir un edificio. Ante la imposibilidad de encontrar a sus propietarios, el ayuntamiento resolvió precintar[29] la propiedad, y los trámites[30] administrativos continuaron su curso. Sin embargo, como el

---

20 conforme: según **21 disiparse:** desaparecer poco a poco **22 brotar:** aparecer
23 irradiar: transmitir **24 hecho consumado:** acción terminada **25 indómito:** que no se puede domar **26 inmueble:** casa **27 suscitar:** producir, promover **28 diligente:** rápido y eficaz **29 precintar:** cerrar algo con una cinta impidiendo el paso **30 trámite:** gestión

lugar era especialmente grato para el ánimo, la comunidad de vecinos puso unos bancos alrededor de la parcela[31], y todas las tardes venían a sentarse allí los ancianos de la colonia, y mantenían tertulias[32] llenas de interjecciones y carcajadas como en los tiempos de su adolescencia.

Días después de la aparición de la casa, el doctor Zapater asistió a un congreso en el sur. En una de las charlas que ocupaban el tiempo del asueto[33], sentados frente al mar con una copa en la mano, hablando precisamente de cómo la realidad resultaba a veces más desconcertante[34] que la ficción, uno de los colegas aludió[35] a una casa que había desaparecido en su ciudad de la noche a la mañana, dejando vacío el solar sobre el que se asentaba.

—¿Cómo que desapareció? —preguntó el doctor Zapater, disimulando su emoción.

—Se desvaneció[36], como si hubiese volado —repuso el colega, alzando de repente ambas manos en el gesto de lanzar algo al aire.

El doctor Zapater quiso saber todo lo posible sobre el asunto, y el colega contó que aquella casa había sido el fruto del esfuerzo extraordinario de un matrimonio, conocidos suyos, profesora ella y empleado él, que durante muchos años habían soñado con vivir en una casa independiente, rodeada de un jardín.

---

31 parcela: pequeño terreno **32 tertulia:** reunión de personas que se juntan para conversar **33 asueto:** descanso, tiempo libre **34 desconcertante:** que produce desorientación **35 aludir:** mencionar a alguien o a algo **36 desvanecerse:** desaparecer

—Tras largos ahorros y enredos[37] de préstamos bancarios, y búsqueda de modelos, y darle vueltas y vueltas al proyecto, y marear al arquitecto, empezaron a construirla. Entonces la mujer se puso gravemente enferma. Un cáncer. Tuvo que sufrir un tratamiento largo y doloroso, que la dejó agotada, pero consiguió superar la enfermedad. La casa estaba recién construida en la convalecencia que siguió a las feroces[38] curas. Los dos querían estrenarla cuanto antes, y a lo largo de dos semanas escasas trasladaron y arreglaron muebles, vistieron armarios, colgaron cuadros, llenaron las estanterías de libros y objetos, prepararon el jardín.

El narrador continuó contando que habían comenzado a vivir en la casa nueva un primero de junio, y que se los veía tan contentos, tan a gusto, era tan evidente su felicidad, que estaban en las conversaciones de todos cuantos les conocían.

El décimo día de su estancia[39] en la casa la mujer falleció, por la súbita[40] rotura de una arteria que había quedado muy debilitada con el tratamiento. El marido quedó solo en la casa, pero su tristeza desgarradora[41] empezó a ser amansada[42] por la intuición de que la casa conservaba el entusiasmo que su mujer y él habían puesto en ella, primero soñándola, luego diseñándola y construyéndola, por fin amueblándola y empezando a habitarla con la intensidad del cumplimiento de lo que se ha deseado largamente. Evocaba a su mujer cortando y cosiendo telas

---

37 enredo: complicación **38 feroz:** brutal agresivo **39 estancia:** permanencia por cierto tiempo en un lugar determinado **40 súbito:** que sucede de repente **41 desgarrador:** que produce sufrimiento **42 amansar:** calmar, apaciguar

para visillos⁴³ y cortinas, restaurando muebles, perforando los orificios⁴⁴ para las alcayatas⁴⁵ de los cuadros, con la movilidad que parecía milagrosa para quien tenía tan cercanos los penosos días del hospital. Iba y venía cantando, y su placer se reflejaba en cada uno de sus gestos. «Esta casa está cargada de felicidad», les decía a los compañeros y amigos que iban a hacerle compañía. Y era cierto que todos cuantos visitaban la casa se sentían llenos de sentimientos optimistas y cálidos. Yo mismo tuve ocasión de comprobarlo. Fui a darle el pésame⁴⁶ días después, porque estaba fuera cuando murió su mujer, y allí dentro me sentía alegre, empapado⁴⁷ de bienestar, como si ni siquiera la muerte tuviese importancia. Pero al final del verano, el hombre murió también, de un infarto⁴⁸.

El doctor Zapater y el resto de los contertulios⁴⁹ escuchaban con atención a aquel narrador que mantenía el mismo tono al hablar de los días alegres y de los fúnebres.

—Había unos herederos lejanos, que decidieron vender la casa con todo lo que contenía, y por ella comenzaron a desfilar⁵⁰ los posibles compradores, citados por la agencia inmobiliaria⁵¹ que se ocupaba de la venta. Hasta que no hubo nada que vender, porque una mañana la casa se había esfumado⁵².

—Pero ¿cómo que se había esfumado? —volvió a preguntar el doctor Zapater, como si no hubiese entendido la respuesta la primera vez.

---

43 visillo: cortina **44 orificio:** agujero **45 alcayata:** clavo en forma de L **46 dar el pésame:** decirle a alguien a quien se le ha muerto un ser querido que lo sientes **47 empapado:** muy mojado **48 infarto:** (aquí) ataque al corazón **49 contertulio:** persona que participa en una tertulia **50 desfilar:** pasar unas personas tras otras **51 agencia inmobiliaria:** empresa dedicada a la compra, venta y alquiler de viviendas **52 esfumarse:** desaparecer

LA CASA FELIZ

—Que no estaba, que había desaparecido, como si alguien la hubiese robado. Parece un despropósito[53], pero donde había estado la casa quedaba solo el solar pelado[54]. El asunto despertó extrañeza y hasta salió un suelto[55] en el periódico local, pero ahí acabó la cosa. Y es que la realidad, por absurda que sea, no necesita justificaciones.

Al regresar a su ciudad, el doctor Zapater tenía el propósito de adueñarse de aquella casa, venciendo todos los obstáculos, para trasladarse a ella con su familia. Aquella fuente de felicidad, aquel lugar que parecía haber decantado[56] el gozo de vivir en un proceso de dolor y de pérdida, tenía que ser suya, costase lo que costase, pensaba. Pero los trámites administrativos habían llegado ya a su final, y se dispuso el embargo[57] de los muebles y objetos y el derribo[58] del inmueble. Y aunque el doctor Zapater y su mujer estaban dispuestos a afrontar todos los pleitos[59] posibles, convencidos de que la casa acabaría perteneciéndoles, una tarde llegaron a la colonia el camión que, en la mañana del siguiente día, trasladaría el ajuar[60] de la casa a las dependencias[61] municipales, y las grandes máquinas que procederían luego a la demolición del edificio.

Las resoluciones administrativas no pudieron cumplirse. Al amanecer, la casa, con su jardín, había desaparecido, y el solar vacío mostraba la huella de su planta[62] a la mirada de los

---

53 despropósito: algo que no tiene sentido **54 pelado:** (aquí) vacío **55 suelto:** (en prensa) escrito corto y sin importancia **56 decantar:** separar un líquido de su poso **57 embargo:** retención de bienes **58 derribo:** destrucción de edificios **59 pleito:** disputa judicial **60 ajuar:** conjunto de objetos y ropas de uso común en la casa **61 dependencia:** oficina dependiente de otra superior **62 planta:** figura que forman en el terreno los cimientos de un edificio

atónitos[63] espectadores. A partir de entonces, el doctor Zapater recordó el episodio solo como una más de las incoherencias de la vida, y volvió a sentir de continuo la brumosa[64] insatisfacción propia de la innumerable rutina humana.

FIN

"La casa feliz", de José María Merino. Incluido en *Cuentos de los días raros*.

---

63 atónito: muy sorprendido **64 brumoso:** que tiene bruma o neblina, que le falta claridad

GLOSARIO

ESPAÑOL	INGLÉS	FRANCÉS	ALEMÁN
1 infortunio	misfortune	infortune	Unglück
2 desventura	adversity	malheur	Missgeschick
3 pletórico	adversity	pléthorique	übervoll
4 gratificador	rewarding, gratifying	gratifiant	zufrieden
5 adosado	semi-detached	jumelé	Reihen-
6 advertir	to notice	remarquer	bemerken
7 solar	lot, site	terrain à bâtir	Gelände
8 matorral	bush, shrub	fourré, buisson	Gebüsch
9 enmarañado	tangled	emmêlé	verworren
10 flamante	flamboyant	flambant	nagelneu
11 infringir la ley	to break the law	enfreindre la loi	gegen das Gesetz verstoßen
12 flanqueado	flanked, bordered	flanqué	eingefasst, eingezäunt
13 arriate	path border with flowers	plate-bande	Rabatte (schmales Blumenbeet entlang z.B. des Weges)
14 empinado	steep	en pente	steil
15 tejado a dos aguas	pitched roof	toit à deux pentes	Satteldach
16 viga	beam	poutre	Tram
17 buhardilla	attic, dormer window	mansarde	Mansarde
18 inverosímil	unlikely, improbable	invraisemblable	unglaublich
19 escandalizarse	to be shocked	se scandaliser	schockiert sein

ESPAÑOL	INGLÉS	FRANCÉS	ALEMÁN
20 conforme	as, in accordance with	au fur et à mesure que	sobald
21 disipar	to dissipate	dissiper	verschwinden
22 brotar	to sprout	jaillir	sprießen
23 irradiar	to radiate	rayonner de	ausstrahlen
24 hecho consumado	fait accompli	fait accompli	vollendete Tatsachen
25 indómito	undaunted, fearless	indompté	unerschrocken
26 inmueble	building	immeuble	Gebäude
27 suscitar	to arouse, provoke	susciter	auslösen
28 diligente	careful, diligent	appliqué	eifrig
29 precintar	to seal	sceller	plombieren
30 trámite	formality	démarche	Verfahren
31 parcela	plot of land	parcelle	Parzelle
32 tertulia	discussion group	réunion entre amis	Gesprächskreis
33 asueto	time off, break	congé	freier Tag
34 desconcertante	perplexing	déconcertant	verwirrend
35 aludir	refer to	faire allusion à	erwähnen
36 desvanecerse	to vanish	disparaître	sich auflösen
37 enredo	complication	enchevêtrement	Komplikation
38 feroz	fierce, ferocious	atroce	wild
39 estancia	stay, visit	séjour	Aufenthalt
40 súbito	sudden	soudain (adj.)	plötzlich
41 desgarrador	heartrending	déchirant	herzzerreißend
42 amansar	to calm down	calmer	bewältigen

ESPAÑOL	INGLÉS	FRANCÉS	ALEMÁN
43 visillo	lace curtain	rideau	Gardine
44 orificio	hole, orifice	orifice	kleines Loch
45 alcayata	hook	piton	Wandteppich
46 dar al pésame	to offer condolences	présenter ses condoléances	kondolieren
47 empapado	soaked, imbued with	rempli	durchdrängt
48 infarto	heart attack	infarctus	Infarkt
49 contertulio	regular member of a tertulia	habitué d'un cercle	Gesprächsteilnehmer
50 desfilar	to parade or pass	défiler	aufmarschieren
51 agencia inmobiliaria	real estate agency	agence immobilière	Immobilienagentur
52 esfumarse	to evaporate, vanish	se volatiliser	sich in Luft auflösen
53 despropósito	absurd suggestion	absurdité	Unsinn
54 pelado	bare, empty	pelé	leer
55 suelto	brief item, mention	mention	kurze Erwähnung
56 decantar	to turn into, favor	dégénérer	für etwas entscheiden
57 embargo	seizure, confiscation	saisie	Beschlagnahme
58 derribo	demolition	démolition	Abbruch
59 pleito	lawsuit	procès	Rechtsstreit
60 ajuar	a home's collection of furnishings	trousseau	Ausstattung
61 dependencia	office, room	unité municipale	Räumlichkeit
62 planta	floor plan	fondations	Grundriss
63 atónito	stunned	stupéfait	verblüfft
64 brumoso	misty, foggy, hazy	voilé	dunstig

ACTIVIDADES

A. Indique si las siguientes afirmaciones son verdaderas (v) o falsas (f):
1. Los pacientes del doctor Zapater solían sufrir malestares de tipo sentimental. **V / F**
2. La mujer del doctor Zapater se escandalizó ante la sorpresiva presencia de la casa vecina. **V / F**
3. La casa misteriosa irradiaba felicidad. **V / F**
4. El doctor Zapater fue a un congreso de especialistas para descubrir el misterio de la casa. **V / F**
5. El doctor Zapater y su familia se mudaron a la casa de la felicidad. **V / F**

B. Elija la respuesta adecuada según el texto:
1. En el cuento se dice que la «casa feliz» fue construida *de la noche a la mañana*. Eso significa:
   a. que fue construida a oscuras.
   b. que fue construida de un modo repentino y sorpresivo.
   c. que fue construida de forma ilegal.

2. En el cuento se afirma que el Dr. Zapater «intentaba devolver a sus pacientes la felicidad, o ***al menos*** la serenidad»:
   a. como mínimo / por lo menos.
   b. casi.
   c. de menos.

3. En el texto se explica que los dueños de la casa «querían estrenarla ***cuanto antes***». **Cuanto antes** significa que querían habitarla:

a. desde hacía mucho tiempo.
b. antes de terminar la construcción.
c. lo más pronto / rápido posible.

4. Según el relato, el doctor Zapater se declaraba *a menudo* especialista en infortunio. Ello quiere decir que lo hacía:
   a. frecuentemente
   b. ocasionalmente
   c. en broma

5. En el cuento se mencionan los pasos del proyecto de construcción de la casa. Primero sus dueños la soñaron, luego la diseñaron, después la construyeron y, un día, *por fin*, la amueblaron y habitaron:
   a. finalmente
   b. en fin
   c. sin fin

C. Busque en el texto (líneas 11 a 29) los sinónimos de las siguientes expresiones y únalos con sus definiciones:

EXPRESIONES NUEVAS	SINÓNIMOS	DEFINICIONES
1. Lindante con		a. Que tiene algo encima que impide su visualización.
2. Tapado de / por		b. Esparcidos por muchas partes o en diferentes direcciones.
3. En los suburbios		c. Que tiene su eje orientado hacia alguno de sus lados.
4. Ladeados		d. Espacio cercado en todo su perímetro.
5. Diseminados		e. Que comparte un límite.
6. Bordeada por		f. Zona periférica con respecto a una central.

D. A continuación hay una serie de expresiones y frases hechas que se utilizan en el texto, junto con otras que son similares, pero tienen un significado diferente. Una cada una de ellas con su definición:

a. Saber de sobra	1. Tener o parir un hijo. Alumbrar.
b. Estar de sobra	2. Girar el cuerpo.
c. Continuar su curso	3. Permitir que algo/alguien continúe su camino sin impedimentos.
d. Dar curso libre	4. Expresar tu dolor por la muerte de alguien a un familiar cercano.
e. Darle vueltas a algo	5. Ser innecesario.
f. Darse la vuelta	6. Saber algo de un modo más que suficiente, con toda seguridad.
g. Dar el pésame	7. Reflexionar repetidamente y de distinto modo sobre algo, buscando una solución.
h. Dar a luz	8. Seguir adelante un proceso burocrático sin dificultades.

E. Complete las siguientes frases utilizando cada una de las expresiones del ejercicio anterior:

1. En esas circunstancias, no hay mucho que decir. Basta con .... a la familia.
2. Si te ...., vas a ver la casa. Está justo detrás de ti.
3. Cuando su esposa ...., él comenzó a llorar.
4. Ella no tendría que haber dicho eso. Su comentario .... Fue totalmente inoportuno.
5. No es necesario intervenir, las cosas deben ...., normalmente.
6. Después de .... a la idea del matrimonio, ellos decidieron casarse.

7. Aunque .... que ella duerme siempre hasta el mediodía, le llamó a las siete de la mañana.
8. Fue tan difícil la competencia que, cuando ganó, ... a todas sus emociones.

F. Escriba un ANUNCIO DE VENTA para la «casa feliz».

G. En el diario local decidieron publicar una noticia sobre la aparición de la «casa feliz». Usted es periodista y le han asignado esta tarea.

Incluya la siguiente información:
Nombre del diario
Sección donde aparece la noticia
Título de la noticia
Entradilla o copete
La noticia (10 líneas como mínimo)

SOLUCIONES EN LA PÁGINA 126

SOLUCIONES

LA LENGUA DE LAS MARIPOSAS (p. 45)

A. 1: pequeñas – artilugio   2: mojado – bote – percibís   3: entumecidos
4: asustar   5: fuerte   6: impresión – valiosas   7: estrecheces.
B. 1: tenía   2: hubiera   3: hice   4: mandase   5: cambiase   6: tenía   7: era
8: tendré   9: dirigía   10: hubiese   11: di   12: era   13: tocaba   14: podía
15: conectaba   16: tenía   17: dirigía   18: quedábamos   19: iluminase
20: sentíamos   21: íbamos   22: luchábamos   23: eran   24: fabricábamos
25: escribíamos   26: construíamos   27: plantábamos   28: habían
29: emigramos   30: llegó
C. 1: p   2: j   3: o   4: e   5: f   6: h   7: c   8: n

LAS VISITAS (p. 73)

A. 1: se meten   2: cansada   3: extiende   4: como mínimo   5: rodeado
6: el ansia – principio   7: así que   8: un procesado   9: emitía   10: observábamos
B. 1: salir   2: reposada   3: limitar   4: como máximo   5: libre   6: la moderación
7: la desaparición   8: aunque no   9: un inocente   10: retener   11: ignorar
C. 1: me **trasladase / trasladara** a vivir   2: tratar **de arrancar**
3: con un **puñado** de aceitunas   4: **había / habría** que tirar
5: al **que / a quien**   6: ni **por** un segundo / ni un segundo
7: se **merecía / se merecería**
8: **mientras** Carlos aporreaba   9: pedirme que le **alquilase / alquilara**
D. 1: d / a   2: f / de   3: g / sin - a   4: b / a   5: h / de   6: c / en - de   7: i / a - de
8: e / de – por – de   9: a / a
E. 1: c   2: b   3: a   4: c   5: a

UNA CARENCIA ÍNTIMA (p. 100)

A. 1: en 2: con, de, a 3: por, por, de 4: sin, en 5: por, tras, de 6: a, de
B. 1: v 2: f 3: f 4: v 5: v
C. 1: peculiar 2: intentaba 3: expediciones - lo robado 4: exagerada
5: movimientos 6: sencillo
D. 1: invertir – la inversión 2: rebotar – el rebote 3: valorar – el valor
4: dotar – la dote
5: empeñarse – el empeño 6: distanciar – la distancia 7: entretener – el entretenimiento
E. 1: procuraba – consistía 2: he obtenido – me apetecía
3: podría – corrí – desemboqué
4: fuera 5: fregaba – pasaba – quitaba

LA CASA FELIZ (p. 120)

A. 1: v 2: f 3: v 4: f 5: f
B. 1: b 2: a 3: c 4: a 5: a
C. 1: contiguo a (línea 12) / e 2: cubierto de (línea 19) / a
3: en las afueras de (línea 11) / f 4: inclinados (línea 26) / c
5: dispersos (línea 11) / b 6: rodeada por (línea 15) / d
D. a: 6 b: 5 c: 8 d: 3 e: 7 f: 2 g: 4 h: 1
E. 1: dar el pésame 2: das la vuelta 3: dio a luz 4: estuvo de sobra
5: continuar su curso 6: darle vueltas 7: sabe de sobra / sabía de sobra
8: dio curso libre